Allons au cinéma: Promoting French through Films Volume 2

Édité par

Dolliann Hurtig, Rédactrice en chef

Louisiana Tech University

Joyce Beckwith, Rédactrice adjointe

Wilmington High School (MA), retraitée

A publication of the American Association of Teachers of French
Marion, IL
www.frenchteachers.org

Published by the American Association of Teachers of French.

Cover images courtesy of Photofest [photofestnyc.com]; telephone: (212) 633-6330.

ISBN: 978-0-9885496-6-1

Table des matières

Remerciements

Je tiens à remercier tous ceux et toutes celles qui ont contribué à la production de ce deuxième volume. Mes remerciements vont tout d'abord à tous les membres de l'AATF qui ont répondu à notre appel. Je remercie nos expertes, Jayne Abrate, Michèle Bissière, Nathalie DeGroult, Christine Gaudry-Hudson, Sister Mary Helen Kashuba, Mary Anne O'Neil et notre correctrice, Marie Glévéau, de Rennes, ancienne «Fulbright Instructor» à Louisiana Tech University (2013-2014). Je voudrais remercier ma chère collègue, Joyce Beckwith, rédactrice adjointe, pour son assistance, et son mari, Marty Beckwith, pour sa patience. Je tiens aussi à exprimer ma gratitude envers Jayne Abrate, Mary Helen Kashuba, SSJ, et Catherine Daniélou pour leur soutien généreux à notre projet (*AATF National Commission on Cinema*). Je remercie Luc Langlois, «Fulbright Instructor» de Vendée à Louisiana Tech University (2015-2016) pour son aide. Merci à Photofest qui nous a fourni l'accès aux images pour nos couvertures. Ce volume n'aurait pas vu le jour sans les encouragements de ma chef de département, Susan Roach. Enfin, mon père, Robert Hurtig, et son soutien quotidien, ont été une force motrice inestimable et sans faille. Le Volume II est maintenant disponible. Profitez-en bien!

Dolliann Margaret Hurtig, Rédactrice en chef

Introduction

Captiver l'imagination des jeunes que nous avons en classe et développer leur esprit d'analyse est souvent une tâche complexe mais le cinéma vient toujours à notre secours. Non seulement nos étudiants adorent le Septième Art et les discussions qu'engendrent les films, mais les directions que l'on peut prendre dans notre enseignement du cinéma francophone s'avèrent multiples, variées, dynamiques et stimulantes. Elles encouragent de la part des étudiants un travail en profondeur : un effort de réflexion et d'ouverture, mais aussi l'attention à l'expression orale et aux choix visuels ainsi qu'une analyse intégrative intellectuelle, équilibrée, complète.

La Commission de l'AATF sur le Cinéma travaille depuis plusieurs années sur l'intersection entre la pédagogie et l'univers cinématographique. Elle se donne comme objectif de faciliter la réflexion sur le cinéma francophone dans la classe de français, quel que soit le niveau des élèves. 2014 avait vu la publication d'un premier volume d'articles sur la promotion de l'enseignement du français à travers le film, un projet qui s'intitulait *Allons au cinéma* et qui présentait et analysait 14 films. Deux ans plus tard, la Commission est enchantée de s'inscrire dans la continuité et de vous faire découvrir la suite de ce premier travail, un second volume conçu dans le même esprit. Nous vous proposons ici un recueil de dix-sept fiches pédagogiques qui font preuve d'un travail soigné de la part de vos collègues, universitaires pour la plupart. Chaque auteur ajoute *un certain je ne sais quoi* à ce volume en partageant sa passion pour le cinéma francophone.

Ce projet, envisagé il y a deux ans à l'occasion du Congrès annuel de l'AATF à la Nouvelle-Orléans, est maintenant devenu réalité. Les films présentés dans cet ouvrage offrent une perspective sur le monde francophone dans toute sa richesse, sa complexité et sa diversité culturelle et linguistique. Notre volume vous aide à découvrir un choix de films qui conviennent à différents niveaux d'enseignement et de compétences, que ce soit au collège, au lycée ou à l'université. Il présente également des repères et des directions de travail afin de vous guider dans votre enseignement.

Dans le premier chapitre, l'enseignant, tout comme le spectateur, se retrouve transporté en Indochine (*Indochine*). Ce film, à la fois historique et romantique, raconte une histoire d'amour vouée à l'échec dans un Viêt Nam déchiré par la guerre. Tous les thèmes abordés, que ce soit la guerre, l'amour tragique, et l'exotisme, font de ce film une grande interrogation sur le sens de la vie.

Madagascar nous séduit autant par sa biodiversité que par sa beauté naturelle dans le deuxième chapitre portant sur le film *Quand les étoiles rencontrent la mer*, où l'amour et la jeunesse arrivent à surmonter les superstitions et où la quête de soi du protagoniste le mène à la mer pour retrouver le calme et la paix intérieure.

Dans le troisième chapitre la comédie *Ma vie en rose* décrit un petit garçon, Ludovic, qui voudrait devenir une fille. Plus tard ce petit écolier compte épouser son ami d'enfance. Quand Ludovic s'habille «en rose» et persiste, sa famille est en souffrance. Ce film explore la question de l'identité sexuelle avec humour et nous invite à ouvrir la discussion sur cette question de façon originale.

Le film *Au plus près du paradis* nous amène dans un monde de rêve où une belle parisienne, une icône du cinéma français (Catherine Deneuve), cherche «l'homme de sa vie» tout en haut de l'*Empire State Building* (chapitre 4). Elle voudrait faire de ses rêves une vraie histoire d'amour à l'image du film américain *An Affair to Remember.* Mais cette dame élégante rencontre un bel américain qui l'oblige à choisir entre ses illusions et la réalité.

Le chapitre 5 encourage les enseignants à explorer la difficulté qu'il y a à connaître et à respecter une autre culture, en l'occurrence celle des Pygmées qui vivent dans la forêt profonde en République centrafricaine (*Le Silence de la forêt*). Dans cette adaptation cinématographique d'un roman de l'écrivain togolais Étienne Goyémidé, le protagoniste retourne dans son pays afin d'éduquer les villageois, mais il découvre que lui aussi peut apprendre des choses. La forêt peut révéler ses secrets à celui qui sait écouter.

La Petite Jérusalem est un film qui questionne les rapports entre juifs et musulmans en France (à Sarcelles) de nos jours (voir le chapitre 6). Il porte son regard sur une jeune fille juive, Laura, qui s'interroge sur ses propres valeurs et croyances face à la philosophie de l'Occident, principalement celle de Kant. «Qui suis-je» est un thème récurrent qui résonne dans ce film, peuplé de jeunes personnes qui cherchent à découvrir leur «moi intérieur».

Le film canadien, *Bon cop, bad cop*, est une comédie policière qui se conforme au modèle de «buddy cop movie» si populaire aux États-Unis. On a affaire à deux flics, un canadien anglophone (de l'Ontario) qui suit les règles et un canadien francophone (du Québec) qui n'en fait qu'à sa tête. Qui va capturer le tueur en série? La réponse est simple: leur collaboration sera la clé de la victoire. Il ne faut surtout pas oublier le rôle unificateur du hockey dans ce film, tandis que son bilinguisme montre la diversité linguistique au Canada (voir le chapitre 7).

Les parodies ont aussi leur place dans notre ouvrage (chapitre 8), comme celle qui est faite des films d'espionnage et qui fait l'objet du Chapitre VIII. *OSS 117 Le Caire: nid d'espions* voit son héros admirablement interprété par Jean Dujardin (dont on se souvient dans le film *The Artist*). L'ignorance des mœurs et des coutumes du pays où se trouve (l'Égypte) notre héros ainsi que ses multiples maladresses rendent le personnage risible. Le Caire des années 50, ce «nid d'espions», va nous faire découvrir Hubert Bonisseur de la Bath, un James Bond manqué, qui réussit en dépit de ses défauts. Toujours disponible, toujours souriant, Hubert arrive au bon moment pour annoncer: «OSS 117, à votre service».

Le chapitre 9 explore un film d'animation enchanteur où un petit rat rêve de devenir un grand chef dans le monde de la cuisine gastronomique. Le film *Ratatouille* explore la difficulté de réaliser ses rêves, ici celui d'être grand chef alors qu'il n'est qu'un simple petit rat. Rémy voudrait s'infiltrer dans ce monde, particulièrement fermé, en faisant une cuisine qui rappelle les plats favoris de notre enfance comme, par exemple, la ratatouille. Mais, Chez Gusteau, les rats ne sont pas les bienvenus.

L'occupation nazie en Tunisie (1942) et la souffrance des Juifs qui y résidaient vont obliger une mère juive à marier sa fille à un riche docteur dans le film présenté dans le chapitre 10. Le film *Le Chant des mariées* est axé sur l'amitié entre deux jeunes amies d'enfance, l'une de confession juive et l'autre de confession musulmane. La guerre risque de détruire leur amitié et de réduire au silence leurs chansons d'enfance.

Dans le chapitre 11, la comédie dramatique *Le Hérisson* explore le rapport entre une jeune fille précoce ayant pris la décision de se suicider et deux personnes plus âgées qu'elle côtoie. L'une est la concierge de l'immeuble et l'autre, son nouveau propriétaire, est un homme d'affaires japonais. Les trois personnages forment un trio invraisemblable mais leur amitié, basée sur une appréciation de l'art sous toutes ses formes, devient si solide que la jeune fille abandonne l'idée de mettre fin à ses jours. La métaphore du hérisson montre que derrière les stéréotypes se cache la beauté intérieure.

Beaucoup d'entre nous ont des souvenirs d'une enfance passée à jouer aux «cowboys et aux indiens» pendant des heures. Dans le chapitre 12, le film d'animation *Panique au village*, un film belge, évoque une enfance heureuse où l'imagination abonde. Ce film comique nous oblige néanmoins à affronter un dilemme moderne. La jeune génération d'aujourd'hui se trouve de plus en plus devant des écrans tandis que leurs grands-parents se contentaient de leurs jouets au même âge. La technologie risque-t-elle de nuire au développement de la créativité de nos enfants?C'est là une des questions que l'on peut explorer avec nos élèves en étudiant ce film.

La déportation des Juifs de France vers les camps de concentration demeure encore aujourd'hui un chapitre tragique de l'histoire de la France (voir le chapitre 13). Le film *La Rafle* nous confronte à la collaboration et à la dureté de la police française qui «ne suit que des ordres» du régime de Vichy.Il est poignant de voir dans ce film le déchirement entre des parents et leurs enfants. Le Vélodrome d'Hiver, symbole de l'antisémitisme, n'existe plus de nos jours. Mais le souvenir des arrestations des Juifs restera à jamais indélébile. Ce film nous encourage à réfléchir sur le poids de l'histoire et la construction de la vérité historique d'une nation. En effet, ce n'est qu'en 1995, avec un discours du président Chirac, que le gouvernement français finira par reconnaître « l'irréparable », la responsabilité de la France dans le génocide et la déportation des Juifs français vers l'Allemagne durant la deuxième guerre mondiale.

Dans le drame romantique *La Fille du puisatier*, le réalisateur Daniel Auteuil fait revivre la Provence de Marcel Pagnol à travers une adaptation de son oeuvre littéraire. Dans le chapitre 14, nous entrons en pleine crise familiale où une famille aisée de la petite bourgeoisie refuse de marier leur fils, parti à la guerre, à la fille d'un puisatier pauvre qui attend son bébé. Mais, quand le fils soi-disant mort en mission revient miraculeusement chez eux, sain et sauf, la famille, folle de joie, consent au mariage. L'expression «Tout est bien qui finit bien» résume cet hommage à Pagnol.

C'est une histoire profondément touchante que l'on retrouve dans le chapitre 15, celle du récit autobiographique de l'adoption d'un garçon coréen par une famille belge. Dans ce film d'animation, *Couleur de peau: Miel*, les images réelles et les images dessinées font une sorte de collage singulier qui raconte la vie d'un garçon déraciné cherchant à comprendre sa propre identité. Ses origines, son passé, sa vie présente, tout est coloré par une imagination fertile et une sensibilité profonde. Qui est ce petit Jung, cet orphelin de la Guerre de Corée (1950-53)? C'est à lui-même de trouver la réponse.

Le chapitre 16 présente la comédie dramatique *Haute Cuisine*. Le président Mitterrand y embauche une certaine Madame Danièle Mazet-Delpeuch, du Périgord, en tant que chef cuisinière afin d'assurer une cuisine traditionnelle au Palais de l'Elysée. La cuisine périgourdine, riche en matières grasses, lui rappelle la cuisine d'autrefois. Dans ce drame biographique,mêlant jalousie et politique au Palais, rien n'empêche la chef de créer des chefs d'oeuvre culinaires pour plaire à un président gourmand qui adore parler cuisine dans les coulisses

Enfin, le film *Alceste à bicyclette*, une comédie dramatique, est un excellent outil pédagogique pour les enseignants qui voudraient présenter le théâtre classique français à leurs élèves. Ce film, où l'on fait du vélo tout en récitant les vers de Molière, est un délice pour les spectateurs. L'Île de Ré et toute sa beauté naturelle, avec ses fameuses huîtres Gillardeau, fournit un cadre parfait pour jouer du Molière, ce grand dramaturge qui, comme Shakespeare, reste contemporain et sait toujours « plaire et instruire » (voir le chapitre 17).

Vous trouverez, dans chaque chapitre, un récapitulatif sur le film qui y est présenté, le résumé succinct de son intrigue, une liste de vocabulaire utile pour les élèves, ainsi qu'une Fiche Pédagogique. Chaque Fiche Pédagogique met l'accent sur des activités de découverte et de compréhension du contexte avant le visionnement, des activités de discussion après le visionnement, des questions permettant de pousser la réflexion, des idées d'exploration supplémentaire à faire en petits groupes. Le but est donc d'aider l'enseignant à aborder les questions essentielles de tous ces films et de pousser les élèves à développer leur esprit critique, leur ouverture à l'autre, leur niveau de langue.

En conclusion, ce deuxième volume vise à «joindre l'utile à l'agréable» en encourageant la promotion du français, tout en faisant partager des trésors cinématographiques à vos étudiants. Bonne lecture et bon visionnage!

Dolliann Margaret Hurtig
Rédactrice en chef

1
Indochine

Susan M. Myers
William Jewell College (MO)

Metteur en scène: Régis Wargnier
Acteurs: Catherine Deneuve, Vincent Pérez, Linh Dan Pham et Jean Yanne
Dates de la sortie: 15 avril 1992 (France), 23 décembre 1992 (États-Unis)
Genre: Drame historique et romantique
Prix: César de la Meilleure actrice pour Catherine Deneuve (1993), César de la Meilleure actrice dans un second rôle pour Dominique Blanc (1993), César de la Meilleure photographie pour François Catonné (1993), César du Meilleur son pour Guillaume Sciama et Dominique Hennequin (1993), César des Meilleurs décors pour Jacques Bufnoir (1993), Oscar du Meilleur film étranger pour Régis Wargnier (1993), Meilleur film non anglophone pour Régis Wargnier et Éric Heumann (BAFTA 1994), Meilleur film en langue étrangère (Golden Globes 1993)
Note: PG-13 (MPAA) pour violence, sensualité et scènes liées à la drogue.

Vocabulaire

caoutchouc (n.m.)	rubber
congaye (n.f.)	Vietnamese woman
coolie (n.m.)	unskilled laborer
émeute (n.f.)	riot, revolt
Front populaire (n.m.)	left-wing coalition governement 1936-1938
Île du Dragon (n.f.)	island in Along Bay
Lang-Sai	plantation owned by the Devries family
mandarin (n.m.)	member of the Chinese elite
mousson (n.f.)	monsoon
Poulo-Condore	prison and work camp
rameur (n.m.)	rower
sage-femme (n.f.)	midwife
sampan (n.m.)	small, flat boat
vente aux enchères (n.f.)	auction

FICHE PÉDAGOGIQUE

Avant le visionnement

Préparation géographique de la région et du Viêt Nam

1. Film de court-métrage sur la géographie (voir les Ressources)
2. Dessinez la carte! (voir les Ressources)

Préparation historique et culturelle

Jeu Internet. Qui peut trouver le plus vite ces dates? Trouvez la date/les dates…

1. de la conquête française de la Cochinchine.
2. de la création du parti communiste indochinois par Hô Chi Minh.
3. de la guerre d'Indochine.
4. de la fin de la présence française au Viêt Nam.

Présentations courtes sur ces sujets culturels

1. La diversité ethnique et linguistique au Viêt Nam
2. La diversité religieuse au Viêt Nam
3. Le climat au Viêt Nam
4. Hô Chi Minh

Préparation thématique

Visionnez la bande-annonce et répondez à ces questions.

1. Quelles amours sont présentées dans cette bande-annonce?
2. Ces amours auront une fin heureuse ou malheureuse?
3. Quelles scènes violentes voyez-vous?
4. Quelle scène tranquille au début de la bande-annonce s'oppose aux scènes violentes?
5. Comment est-ce que cette scène présente le thème de la séparation?
6. Quelles images du paysage de l'Indochine vous intéressent le plus?

Visionnez la bande-annonce et répondez à ces questions.

1. Où est-ce que la narratrice a vécu sans l'avoir jamais quitté?
2. Dans quoi est-ce qu'on vivait?
3. Est-ce que la narratrice est heureuse?
4. Quel triangle amoureux est au centre de l'histoire?
5. Qu'est-ce que la narratrice refuse?
6. Qu'est-ce qui est inséparable au début de l'histoire?
7. Quelles scènes violentes annoncent la fin de la paix et signalent que tout changera?

Discutez.

1. Quels éléments contribuent au bonheur de la narratrice?
2. Imaginez les changements malheureux possibles pour ces éléments. Quelles séparations sont possibles? Qu'est-ce que la narratrice pourrait perdre?

Voici des concepts à présenter afin de mieux éclaircir quelques aspects du film.

1. L'autel des ancêtres: C'est un lieu sacré dans la maison bouddhiste pour honorer les ancêtres, un lieu où on place sur une table des objets précieux, les portraits des ancêtres, le brûle-parfum, les généalogies, les histoires des ancêtres et les offrandes comme des fruits et des fleurs.
2. Le marché des esclaves: Les Indochinois du nord se portent volontaires pour travailler sur les plantations du sud dans l'espoir de trouver une meilleure vie.
3. Le théâtre asiatique: Des troupes itinérantes racontent des histoires en costumes, avec un narrateur, des danses/de la danse et du maquillage.
4. Le trafic de l'opium et les fumeries d'opium: L'opium est un sédatif fort avec des effets analgésiques et déprimants. La consommation de l'opium remonte au dix-huitième siècle. On prépare la drogue en la chauffant sur une aiguille et on la met dans une longue pipe pour la fumer. La France réglementait le trafic de l'opium et cette réglementation encourageait le trafic illicite de la drogue.
5. Les mandarins: L'élite chinoise en Indochine soutient les Français, et les révolutionnaires se révoltent contre eux comme ils se révoltent contre la présence française.

Pendant le visionnement

Questions de compréhension en quatre parties (voir les Ressources)

Questions à discuter

1. Quelle est la signification de la première scène?
2. Qui est la jeune fille en voiture?
3. Pour quelles raisons est-ce que les marins font brûler le sampan?
4. Quel travail font les ouvriers?
5. Quelle nouvelle sérieuse inquiète Guy?
6. Éliane et Jean-Baptiste partagent une caractéristique qui les attire l'un vers l'autre mais qui les sépare aussi. Laquelle?
7. Pourquoi est-ce que Tanh a été expulsé de France? Comment est-ce que sa mère pense le rendre sage?
8. Qu'est-ce qui se passe le jour de la Fête de la Tranquillité?
9. Qui a peur après l'émeute?
10. Quand Éliane renvoie Raymond et Yvette, de quoi est-ce qu'Yvette l'accuse? Quelles en seront les conséquences? Croyez-vous que ce soit vrai? Pourquoi?
11. Comment est-ce que Camille tombe amoureuse de Jean-Baptiste? Qu'est-ce qu'Éliane a fait pour les séparer? Selon vous, pourquoi le fait-elle?

12. Quelle solution au triangle amoureux propose Mme Minh Tam?
13. Que fait Éliane pour se réconcilier avec Camille?
14. Quelles réalités est-ce que Camille voit pour la première fois pendant son voyage pour rejoindre Jean-Baptiste? Comment est-ce que cette expérience la change?
15. Comment est-ce que Tanh combattra les Français pour libérer son pays?
16. Que cherchent Sao et sa famille?
17. Pourquoi est-ce que Camille tue l'officier français? Pourquoi est-ce que Jean-Baptiste fuit avec elle?
18. Tracez au cours du film les attributs indochinois et français manifestés par Éliane et Camille.
19. Pourquoi est-ce que Castellani a des difficultés à retrouver Camille durant les quatre mois pendant lesquels il la recherche?
20. Comment est-ce que Camille devient une légende, une Jeanne d'Arc d'Indochine?
21. Pourquoi est-ce que Camille et Jean-Baptiste doivent quitter la sûreté de la grotte?
22. Où est-ce que Camille et Jean-Baptiste s'enfuient? Comment? Avec qui? Comment est-ce que la police les rattrape?
23. Qu'est-ce qui se passe après la naissance du fils de Camille?
24. Comment est-ce que la légende de Camille et Jean-Baptiste a commencé?
25. Quelle histoire est-ce que la troupe présente? Pourquoi est-ce que Guy amène Éliane à cette représentation?
26. Quels sont les deux sorts des prisonniers, selon Guy?
27. Quel est le sort d'Étienne et de Le Guen?
28. À qui est-ce qu'Éliane s'adresse quand elle chuchote «mon amour»?
29. Qu'est-ce qu'Éliane fait pour Jean-Baptiste, pour Camille, pour Étienne?
30. Quand Guy annonce son départ et qu'on libère les prisonniers, quel rêve d'Éliane n'arrivera jamais?
31. Qu'est-ce qui se passe à Genève?
32. Pourquoi est-ce qu'Étienne décide de ne pas voir sa mère Camille?
33. Imaginez ce à quoi Éliane réfléchit en regardant le lac à la fin du film.

Après le visionnement

Quiz sur l'identification des personnages (voir les Ressources)

Mystères de l'intrigue

Mettez en ordre chronologique et devinez les personnages principaux.

1. Adopté par Éliane, il grandit sur la plantation pendant qu'elle essaie de libérer Camille. Quand le Front populaire ouvre les portes de la prison, Camille refuse de revenir à la maison avec Éliane pour s'occuper de lui et elle prie Éliane de l'emmener en France. Au moment de la libération du Viêt Nam, lui, maintenant un jeune homme, voyage à Genève pour voir Camille, membre de la délégation vietnamienne. Pendant ce voyage, Éliane lui raconte l'histoire de ses

parents. Bien qu'il entre dans l'hôtel, il décide de ne pas voir Camille, puisqu'il considère Éliane, qui l'a élevé, comme sa vraie mère.

2. À la vente aux enchères, elle achète un tableau pour sa collection bien que le jeune homme le désire pour des raisons personnelles. Elle revoit le jeune homme à la plantation lorsqu'il vient chercher le garçon de la famille indochinoise dont il a fait brûler le bateau parce qu'il transportait de l'opium. Elle commence une liaison amoureuse avec lui.

3. Elle n'est pas sûre d'aimer Tanh, mais leurs parents arrangent leurs fiançailles. À cause des émeutes, elle a peur d'aller au collège et s'évanouit quand un prisonnier qui tentait de fuir est tué. Elle tombe amoureuse du lieutenant qui l'a aidée et elle est déçue de ne plus pouvoir le voir. Elle reproche à sa mère de les avoir séparés.

4. Il place Minh auprès de Castellani, qui recherche Camille, afin d'avoir des nouvelles de l'enquête. Quand Castellani ne réussit pas à trouver Camille, il s'imagine qu'elle et Le Guen voyagent avec une troupe de théâtre. La police arrête d'abord Jean-Baptiste et l'amène avec son fils à Saigon. Plus tard il doit annoncer à Éliane que Camille est prisonnière. Éliane l'accuse d'avoir assassiné Jean-Baptiste parce qu'elle ne peut pas croire à l'histoire du suicide.

5. Il prend son nouveau poste où il voit pour la première fois le marché des esclaves. Il est surpris de voir Camille, qui a refusé de se marier avec Tanh pour le rejoindre. Il sauve Camille du marché des esclaves après qu'elle a tué l'officier français. Ils devront se cacher, fuyant la police qui les poursuit.

Discussion

1. Identifiez et comparez les traditions et les coutumes françaises et vietnamiennes dans le film.
2. Discutez du tableau familial dépeint dans le film et des rapports familiaux. Est-ce un tableau positif ou négatif? Pourquoi?
3. Éliane déclare: «Nous vivions en paix et dans l'illusion». Dans quelle illusion est-ce qu'ils vivaient? Qu'est-ce qui l'a brisée?
4. Identifiez les préjugés manifestés dans le film et leurs conséquences sur les actions et les décisions des personnages. Y a-t-il des personnages qui transcendent les préjugés? Comment? Quel exemple semble le plus réussi? Pourquoi?
5. Explorez les techniques cinématographiques du film. Comment est-ce que le scénario réussit ou ne réussit pas? Est-ce que l'histoire est dramatique ou mélodramatique? Comment est-ce que les images réussissent ou ne réussissent pas? Est-ce que le film vous semble petit ou épique? Comment est-ce que la musique réussit ou ne réussit pas? Soutient-elle l'atmosphère des scènes? Traduit-elle bien le sentiment des personnages?

Activités suggérées

Dessins comparatifs

Les étudiants dessineront une scène d'une tradition ou d'une coutume indochinoise vue dans le film, puis ils dessineront une scène comparative selon leur expérience et partagerons les comparaisons avec les autres étudiants. Exemples: les funérailles, les fiançailles, le théâtre, les vêtements, les modes de transport, la nourriture.

Jeux de rôle

Imaginez une issue différente. Jouez la scène où...

1. Éliane accepte d'épouser Guy.

2. Camille et Jean-Baptiste échappent à la police et arrivent en Chine avec leur fils.
3. Jean-Baptiste revient de sa nuit passée avec son fils et explique à Éliane qu'il prendra soin de lui.
4. Étienne rencontre Camille à l'hôtel.

Un Compte rendu

En utilisant PowerPoint et Screencast-O-Matic, les étudiants créeront un compte rendu multimédia dont l'organisation comprend une introduction au film, une analyse filmique (des costumes, des décors, du jeu, de la cinématographie), une réflexion sur un thème important (l'amour, l'indépendance, etc.) et une recommandation (voir les Ressources).

Projets suggérés

Débats

Après avoir préparé une question en équipes, les étudiants défendront leur position en se référant aux détails du film.

1. Éliane est-elle contrainte par les préjugés ou libre des préjugés?
2. Le mariage arrangé et le mariage libre.
3. Les histoires d'amour, est-ce qu'elles sont comme les histoires de guerre, remplies de «folie, fureur, souffrance» comme le dit Mme Minh Tam?
4. La violence et la brutalité de la police, est-ce une nécessité pour l'ordre public?
5. Camille est-elle une Jeanne d'Arc indochinoise?
6. La mort de Le Guen, est-ce un suicide ou un assassinat?

Présentations orales avec PowerPoint, Keynote ou Prezi

1. Les sentiments et les motivations. Esquissez la psychologie d'un personnage important du film en étudiant de près quelques scènes importantes et identifiez les sentiments et les motivations de ce personnage.
2. La séparation et l'exil. Étudiez les scènes pertinentes au sujet de la séparation et de l'exil, et imaginez comment ces histoires de séparation et d'exil seraient différentes si elles se passaient aujourd'hui et pourquoi.
3. L'identité et la maturité. Étudiez de près l'évolution d'un personnage qui, selon vous, change le plus. Comment et pourquoi change-t-il? Pourquoi pensez-vous que c'est ce personnage qui change le plus?
4. La révolte et la frustration. Étudiez ces thèmes au niveau personnel et politique dans l'histoire. Quelles en sont les causes et les conséquences?

Essais

1. Conflits des cultures, conflits des familles.
2. La maturité, est-ce l'indépendance? Est-ce la séparation et l'exil?
3. La faiblesse et la force chez les personnages d'*Indochine*.
4. Intersections du personnel et de la politique.

Interrogation écrite

I.A. Identifications (10 points). Qui est-ce? Qu'est-ce que c'est?

1.	_____ Lang-Sai	a.	directeur de sûreté et ami d'Éliane
2.	_____ Guy Asselin	b.	ami et ancien fiancé de Camille
3.	_____ Jean-Baptiste	c.	plantation des Devries
4.	_____ L'île du Dragon	d.	ancien amant d'Éliane et amant de Camille
5.	_____ Tanh	e.	poste de Jean-Baptiste et lieu du marché des esclaves

I.B. Identifications (10 points). Identifiez les noms ci-dessous en donnant deux éléments d'information significatifs pour l'intrigue ou le développement thématique du film.

1. Camille
2. Le marché des esclaves
3. Étienne
4. La maison à Saigon
5. Tanh

IIA. Résumé (15 points). Remplacez les blancs par l'expression convenable pour compléter le résumé du film.

adopte
arrête
Camille
décident
Éliane
Étienne
fils
Jean-Baptiste
quitte
raconte
revient
Tanh
tombe
tue
voyage

_______________, propriétaire française, _______________ Camille, une jeune fille indochinoise, l'élevant comme sa propre fille. Camille _______________ amoureuse d'un marin français, _______________, mais elle est fiancée à _______________. Camille et Tanh _______________ de se séparer et Camille _______________ sa mère pour retrouver Jean-Baptiste. Au marché des esclaves, Camille _______________ un officier français. En fuite, Camille et Jean-Baptiste ont un _______________ ensemble. Malheureusement, la police _______________ les deux, _______________ est prisonnière et Jean-Baptiste meurt d'une balle à la tête. Éliane adopte alors _______________, le fils de Camille et de Jean-Baptiste. Quand il est jeune homme, Éliane _______________ avec lui à Genève et lui _______________ l'histoire de ses parents. À Genève, Étienne renonce à voir sa mère et _______________ vers/avec Éliane.

II.B. Résumé (15 points). Écrivez un résumé du film dans un paragraphe de huit à dix phrases.

III.A. Rédaction (25 points). Répondez à ces questions en phrases complètes.

1. Quel personnage représente le mieux l'indépendance, Camille ou Éliane? Pourquoi?
2. Comment est-ce qu'Éliane manifeste ses préjugés? Comment est-ce qu'elle les transcende?
3. Décrivez une scène violente tirée du film et expliquez-en l'importance.
4. Croyez-vous que Jean-Baptiste s'est suicidé? Pourquoi?
5. Si vous étiez Étienne, choisiriez-vous de voir Camille?

III.B. Essai (25 points). Choisissez un sujet et écrivez un paragraphe complet et détaillé en vous référant aux exemples tirés du film.

1. L'indépendance et la révolte.
2. Les préjugés et comment les transcender.
3. L'amour réciproque et non réciproque.
4. Les conflits personnels, culturels et politiques.

Interrogation orale

1. Décrivez le personnage du film qui vous intéresse le plus. Pourquoi vous intéresse-t-il?
2. Quelle scène est la plus mémorable? Pourquoi? Quelle est la signification de cette scène dans le film?
3. Si vous aviez été Éliane, est-ce que vous auriez arrangé le mariage entre Camille et Tanh ou entre Camille et Jean-Baptiste? Pourquoi?
4. Quelle motivation est supérieure chez Éliane, son amour pour Camille ou son amour pour Lang-Sai? Comment est-ce que ces amours motivent ses décisions?
5. Quel aspect du film vous semble plus important pour raconter cette histoire: les costumes et les décors, la musique, la cinématographie ou le jeu des acteurs? Pourquoi?

Expansion

Pour savoir plus sur l'histoire vietnamienne, explorez les sujets suivants:

1. La dynastie Nguyen
2. La domination du nord et du centre du pays par le Japon
3. La guerre du Viêt Nam
4. La prise de Saigon par le Nord
5. La Réunification du Nord et du Sud du Viêt Nam
6. L'admission du Viêt Nam à l'ONU
7. L'ouverture économique entre le Viêt Nam et les États-Unis

Pour savoir plus sur la culture vietnamienne, explorez les sujets suivants:

1. L'économie au Viêt Nam
2. La politique au Viêt Nam
3. L'Empire du Viêt Nam

Réflexion personnelle

L'action dramatique de l'intrigue, la beauté des acteurs, les couleurs des images, l'étendue du pays, l'amour tragique des personnages, tout dans le film Indochine charme les étudiants qui, ravis, suivent l'histoire d'un monde turbulent et des vies bouleversées, tous engagés aux questions présentées dans le film: l'amour et l'abandon, l'identité et la race, la liberté et la sûreté, questions pertinentes pour tous les temps, mais aucune plus émouvante que celle-ci: à quoi se raccrocher quand tout s'écroule?

Ressources

Film et bande-annonce

[www.imdb.com/title/tt0104507]

[www.allocine.fr/film/fichefilm_gen_cfilm=7309.html] (Cette bande-annonce est en français sans sous-titres.)

[www.youtube.com/watch?v=FxMoREEix6Q] (Cette bande-annonce a une courte introduction en anglais et la bande sonore en français est supprimée.)

[www.biography.com/people/catherine-deneuve-38260]

[http://frenchfilmsite.com/bio/Re/Regis_Wargnier.html]

Histoire de l'Indochine

[www.clio.fr/BIBLIOTHEQUE/les_francais_en_indochine_des_annees_1830_a_la_fin_de_la_deuxieme_guerre_mondiale.asp]

[www.clio.fr/BIBLIOTHEQUE/la_premiere_implantation_francaise_en_indochine_xviie-xixe_siecle.asp]

[www.youtube.com/watch?v=xsHZYekPbmg] (l'histoire cartographique; la colonisation française commence à 5'30 environ)

[www.linternaute.com/histoire/motcle/1172/a/1/1/indochine.shtml]

[www.history.com/topics/vietnam-war/ho-chi-minh]

[http://indochine.uqam.ca/en/historical-dictionary/1218-poulo-condor.html]

Photos de la région

[www.villagegraphic.com/vietnam/UPLOAD/phototheque/categorie/pages/6_categorie.php]

[http://voyagesphotosmanu.com/photos_vietnam_hanoi.html]

[www.flickr.com/search/?tags=viêtnam]

[http://vimeo.com/8063840] (photos des bagnes de Poulo-Condore)

Ressources référencées dans cette fiche pédagogique

Film de court-métrage sur la géographie: [www.youtube.com/watch?v=N3_jDVkmNtc]

Carte de l'Indochine: [http://d-maps.com/carte.php?num_car=979&lang=en]

Indochine

Carte du Vietnam: [www.vietnamguide.fr/wp-content/uploads/2010/04/carte-du-Vietnam.jpg]

Questions de compréhension en quatre parties: [http://tinyurl.com/pwk3898], [http://tinyurl.com/qxrasa4], [http://tinyurl.com/numtsv6], et [http://tinyurl.com/nqep4gt]. Le professeur pourrait télécharger ces documents pour en faire des copies pour leurs cours ou les adapter à en faire leurs propres interrogations interactives en utilisant Google Forms.

Screencast-O-Matic: [www.screencast-o-matic.com/screen_recorder]

Quiz sur les personnages: [http://quizlet.com/65869499/scatter]

2
Quand les étoiles rencontrent la mer

Marco D. Roman
Mount Saint Mary's University (MD)

Metteur en scène: Raymond Rajaonarivelo
Acteurs: Jean Rabenjamina, Joseph Rainizatilehy, Aimée Razatindrataranoa, Louis Vahandanitra
Date: 25 décembre 1996
Genre: Drame

Vocabulaire

zébu (n.m.)	zebu
boiter	to limp
combat de coq (n.m.)	cockfight
aveugle	blind
orphelin (n.m.)	orphan
berceuse (n.f.)	lullaby
gamin (n.m.)	kid
linceul (n.m.)	shroud
tabou (n.m.)	taboo
s'éteindre	to put out
foudre (n.f.)	lightning
augure (n.m.)	omen
blessure (n.f.)	wound
déluge (n.m.)	flood
être pieds nus	to be bare-footed
flaque d'eau (n.f.)	puddle
sabot (n.m.)	hoof, wooden clog
parc à bestiaux (n.m.)	cattle pen
piétiner	to trample
fantôme (n.m.)	ghost
malgache	Malagasy

FICHE PÉDAGOGIQUE

Exercices sur le vocabulaire

Des mots d'une importance culturelle à Madagascar

Essayez de trouver une description de ces mots d'importance culturelle en ligne. Cherchez surtout le rapport de chaque terme avec la culture malgache. Pouvez-vous aussi trouver le mot malgache pour le mot français? Il faut être ingénieux.

1. un zébu
2. un combat de coq
3. un linceul
4. un tabou
5. la montagne Ambohimanoa
6. un fantôme

Définitions

Créez une définition en français pour les mots suivants.

1. être pieds nus
2. un déluge
3. s'éteindre
4. un gamin
5. un orphelin
6. une flaque d'eau
7. un sabot
8. un parc à bestiaux

Mots apparentés

Afin d'augmenter votre vocabulaire, trouvez au moins trois mots apparentés pour chaque mot suivant. Pour ce faire, il faut chercher le mot dans le dictionnaire et regardez les entrées qui entourent le mot de vocabulaire. Vérifiez que les mots choisis portent la même signification que le mot original. N'oubliez pas de noter aussi la catégorie grammaticale de tous les nouveaux mots trouvés. Ces mots vous serviront plus tard dans votre discussion du film.

1. boiter
2. aveugle
3. une berceuse
4. une éclipse
5. la foudre
6. un augure
7. une blessure
8. piétiner

Avant le visionnement

Les traditions et la superstition

Préparez des réponses à ces questions avant de les discuter en classe.

1. Êtes-vous attaché à certaines traditions dans votre famille? Lesquelles? Expliquez.
2. Est-ce que les Américains sont moins attachés aux traditions que d'autres nationalités d'après vous? Pourquoi ou pourquoi pas?
3. Quelle est la fonction de la tradition dans une société? Est-ce qu'une société peut exister sans traditions?
4. Êtes-vous superstitieux? Quelles sont vos superstitions? Dressez une liste.
5. D'où viennent ces pratiques superstitieuses? Imaginez l'origine. Ensuite faites des recherches en ligne pour expliquer le vrai début de ces gestes rituels.
6. Pensez-vous que les Américains sont moins superstitieux que d'autres? Cherchez des statistiques sur la pratique des superstitions chez les Américains sur un site en ligne. Voilà un exemple d'une enquête menée par l'organisation Forbes [www.forbes.com/poll/2009/03/06/superstitions-ufo-alien-conspiracy-opinions-columnists-superstition.html].
7. Trouvez-vous les données étonnantes ou est-ce qu'elles correspondent à ce que vous aviez imaginé? Pourquoi?
8. Quel rapport existe-t-il entre la superstition et la religion en Afrique (plus particulièrement à Madagascar)? Vous pouvez chercher une réponse en ligne. Soyez prêt à donner des détails sur quelques exemples de superstitions à Madagascar.

Questions de réflexion

Répondez à l'écrit en un paragraphe en réfléchissant bien à votre vie et à vos expériences personnelles. Ensuite, partagez vos réponses avec votre partenaire.

Souvenez-vous de la première fois où vous avez vu la mer? Racontez les détails de cet événement. Qu'est-ce qui s'est passé? Qu'est-ce qui vous a amené à la mer? Avec qui avez-vous voyagé? Quelles étaient vos impressions et les premières sensations que vous avez eues?

Quelles langues parlez-vous?

Interviewez votre partenaire au sujet de son expérience personnelle avec les langues étrangères et ses opinions sur le bilinguisme.

1. Parlez-vous déjà une autre langue à la maison? Laquelle? Pourquoi?
2. Avez-vous des membres de la famille qui parlent d'autres langues? Lesquels? Pourquoi parlent-ils ces langues?
3. Quelles difficultés de compréhension peuvent exister avec des interlocuteurs étrangers? Pouvez-vous raconter une expérience personnelle ou faire une liste de généralités qui montre quelques moments où vous avez eu des mécompréhensions en parlant avec un étranger?
4. Pourquoi avez-vous choisi d'étudier une langue étrangère? Expliquez.
5. Quel est le rôle d'une langue dans une communauté?
6. Pensez-vous qu'une communauté devrait choisir une seule langue pour avoir une identité? Expliquez.

7. Avez-vous déjà voyagé dans un pays bilingue? Même si vous n'avez pas voyagé dans un pays bilingue, pourriez-vous imaginer quelques difficultés qui existeraient dans un pays bilingue?

Pendant le visionnement / Questions sur le film

L'Emploi des langues dans le film

Dans beaucoup de sociétés francophones, on emploie souvent deux langues quotidiennement. Les personnes dans ce film vont utiliser le français et le malgache. Regardez la liste suivante et marquez (M) si la langue parlée dans la scène notée est le malgache. Marquez (F) si la langue utilisée est le français. Vous allez analyser vos observations plus en détail dans la section «Activités suggérées».

a.______ quand la mère chante la berceuse

b.______ quand les gamins jouent ensemble

c.______ quand les élèves vont à l'école

d.______ quand on est au marché

e.______ quand Kapila parle à l'orphelin

f.______ quand Kapila est chez lui

g.______ quand Kapila achète le billet de train

h.______ quand ils prient aux funérailles de l'orphelin

i.______ quand Kapila rencontre le groupe de nomades

j.______ quand Kapila parle avec le fantôme

k.______ quand Kapila passe des paysans et des villageois

l.______ quand le révérend prêche à l'église

m.______quand Kapila parle avec la jeune fille

Scènes préliminaires

1. Dressez une liste des événements que vous voyez avant et pendant le générique au début du film.

2. Pour un événement de votre choix, identifiez la composition, l'éclairage et le cadrage de l'image. Voici une liste des plans typiques: le gros plan, la contre-plongée, le plan moyen, le plan américain, le plan rapproché. Pourquoi est-ce que le réalisateur aurait choisi telle composition et tel cadrage? Quel ton est créé par l'éclairage?

3. Quels sons et bruits accompagnent les images? Comment est-ce que le choix de sons met en valeur les plans différents?

4. Avec quelle scène est-ce que le dialogue du film commence? Y a-t-il une signification à cette scène par rapport au thème du film? Expliquez.

Au début du dialogue

1. Quelle question la maîtresse pose-t-elle? Que représente la mer?
2. Comment reconnaissez-vous le bébé qui est devenu élève?
3. Que fait-il en sortant de l'école?
4. Qui rencontre-t-il? Que représente ce personnage de fantôme?

À la rencontre de l'orphelin

1. Décrivez la rencontre de l'orphelin et la scène domestique où Kapila amène l'orphelin chez lui.
2. Pourquoi Kapila gronde-t-il l'orphelin? Expliquez.
3. Quels sont les moments qui rapprochent l'orphelin et Kapila? Y a-t-il une certaine occasion que vous pouvez identifier comme clé pour l'amitié entre les deux? Citez les détails de la scène.
4. Racontez la légende de l'orphelin quand il parle des étoiles qui rencontrent la mer. Interprétez le symbolisme de la légende selon votre compréhension.
5. Comment est-ce que l'orphelin meurt? Quand Kapila va voir l'enfant mort, la composition de l'image est symbolique. Faites une analyse de cette scène, y compris la musique qui passe.
6. Qu'est-ce que Kapila promet de faire après la mort de l'orphelin? Est-ce qu'il tient sa promesse? Comment le savez-vous? Est-ce évident pour les autres au marché?
7. Qu'est-ce que Kapila met dans la poche de l'orphelin? Y a-t-il du symbolisme dans cette action?
8. Pourquoi Kapila veut-il savoir le passé? Expliquez en détail la conversation qu'il a eue avec sa mère.
9. Décrivez l'enterrement.

Retour à son pays natal

1. Qu'est-ce que la mère lui donne avant de partir? Pourquoi?
2. Quelle est la tradition pratiquée par Kapila quand il rencontre le groupe de nomades? Pourquoi fait-il cet acte traditionnel? Quelle ironie peut-on voir entre la tradition et la vie actuelle dans cette scène?
3. Qui revoit-il dans le village de sa naissance?
4. À qui est-ce que les villageois lancent de la boue? Que dit Kapila? Pourquoi?
5. Qu'est-ce que la jeune fille et Kapila se disent quand ils se voient au bord du fleuve?
6. Qu'est-ce qui est ironique dans les actions du révérend chrétien? Quelle critique le réalisateur fait-il de la religion?

7. Quand Kapila dit son nom à son père, que dit le père? Expliquez.

8. De quoi est-ce que la jeune fille prévient Kapila?

9. Qu'est-ce que les villageois complotent? Résumez la discussion.

10. Que font les villageois pour tuer Kapila?

11. Quelle est la malédiction annoncée à Kapila par la vieille sage? Est-elle réalisée?

12. Qui meurt pendant le déluge? Comment?

13. Quelle séquence d'images clôt le film? Interprétez-la.

Après le visionnement

Expressions particulières

Ces expressions un peu brusques sont utilisées dans le film. Elles ne se traduisent souvent pas directement en anglais. D'abord, trouvez la bonne tournure anglaise pour l'expression. Ensuite utilisez chaque expression dans un mini-dialogue original de plusieurs phrases qui montre votre compréhension de l'expression et votre créativité.

1. Tu parles!
2. Il est complètement dans la lune.
3. Lâchez-le!
4. Ça ne te suffit pas?
5. Ne t'en fais pas!
6. Dehors le chien!

Ohabolana: les proverbes

Selon le dictionnaire Larousse, un proverbe est «un court énoncé exprimant un conseil populaire, une vérité de bon sens ou une constatation empirique et qui est devenu d'usage commun». Souvent les proverbes nous aident aussi à approfondir notre compréhension du monde et de notre communauté. Comme beaucoup de cultures africaines, la culture malgache utilise le proverbe (ohabolana) pour enrichir et illustrer une idée dans une discussion.

Consultez la liste des proverbes malgaches organisée par thèmes sur le site suivant [http://dico.malgache.free.fr/DicoMalgacheproverbes.html#amour]. Afin d'illustrer vos idées sur le film, choisissez un proverbe pour chacun des éléments suivants: l'amitié, la mort, la sagesse, le courage et la famille. Rattachez le proverbe à une scène ou une action d'un personnage et expliquez oralement ce que vous pensez du rapport entre le proverbe et le film à un partenaire. Il peut aussi ajouter des idées aux vôtres.

Mini-compositions

En discutant les proverbes, votre partenaire prendra des notes pendant que vous parlerez. À la fin de l'échange, vous prendrez les notes de votre partenaire et écrirez un bon paragraphe pour chacun des thèmes du film avec les proverbes correspondants.

Activités suggérées

Le Bilinguisme à Madagascar

1. Pour bien comprendre la situation linguistique à Madagascar, faites des recherches sur l'histoire de la langue malgache en consultant le site suivant:

   [http://terangaweb.com/histoire-de-la-langue-malagasy] ou d'autres sites de votre choix.

   Quelle est l'origine de cette langue? A quelle famille de langues appartient-elle? Qu'est-ce qui distingue cette langue d'autres langues du monde?

2. Dressez une liste de quelques mots ou expressions en malgache avec une traduction en français à l'aide du site suivant: [www.coursdemalgache.com/topic/index.html]. Cliquez sur le bouton «Vocabulaires».

3. Après avoir créé votre liste, encerclez les mots qui viennent du français. Attention: quelques mots sont plus proches du français par leur prononciation que dans leur forme écrite. Il vaut mieux écouter la prononciation en appuyant sur le bouton à droite de la page.

   a. Quels mots sont dérivés du français?

   b. Pourquoi est-ce qu'on adopte des mots étrangers dans une langue?

   c. Pourriez-vous expliquer l'usage de ces mots d'origine française?

4. Quel est le statut de cette langue à Madagascar? Quelle est la position de la langue française? Lisez l'article suivant sur ce site et le phénomène de la diglossie [http://serge.bibauw.be/madagascar/socio.php#diglossie].

5. Au début de la section «Pendant le visionnement» vous avez noté des exemples de la diglossie en identifiant l'emploi du français ou du malgache dans certaines situations. Maintenant comparez ce que vous avez trouvé dans le film avec les observations de l'article.

Chronique sur le cinéma malgache

Le cinéma malgache est assez méconnu dans le monde. *Quand les étoiles rencontrent la mer* est l'un des rares films qui soit passé dans les salles européennes. Imaginez que vous et deux partenaires montez une chronique sur le cinéma malgache pour le faire mieux connaître au public dans une émission spécialisée sur la culture africaine.

Avec vos partenaires, lisez quelques articles sur le cinéma malgache. Des textes en ligne sur le site «Africultures.com» et «Africine.org» sont donnés ci-dessous. Vous pouvez aussi consulter d'autres textes en ligne ou à la bibliothèque. Votre but est de donner un aperçu général du développement du septième art sur l'île et d'apprendre le rôle de Raymond Rajaonarivelo dans l'histoire cinématographique malgache.

Dès le début, il faut décider qui d'entre vous sera l'animateur et qui des deux autres sera le spécialiste du cinéma et le réalisateur, Raymond Rajaonarivelo. L'animateur préparera des questions à poser à l'expert et au réalisateur tandis que les deux autres essaieront d'apprendre autant que possible de leurs rôles de spécialiste et de réalisateur. En jouant la scène de la chronique, essayez de ne pas lire vos réponses mais de répondre spontanément. Quant à l'animateur, il faut suivre le fil de la conversation et mener la discussion d'une manière naturelle en ajoutant vos propres idées à la conversation.

Quelques sites utiles à consulter

«Antananarivo 2010 : la nécessité de la formation» [www.africultures.com/php/index.php?nav=article&no=9448]

«Le cinéma malgache en mal de reconnaissance international» [www.africultures.com/php/index.php?nav=article&no=5775]

«Mahaleo de Raymond Rajaonarivelo et César Paes» [www.africine.org/?menu=art&no=8625]

«Tabataba de Raymond Rajaonarivelo: Madagascar se rebelle» [www.africine.org/?menu=art&no=7971]

Projets suggérés

Explorons la biodiversité de Madagascar!

Madagascar possède l'une des aires biogéographiques les plus uniques et diverses du monde. Dans le film, vous avez vu beaucoup d'exemples de cette richesse et de cette beauté. Avec un partenaire ou un petit groupe, faites des recherches en ligne pour mieux apprécier la variété de la quatrième plus grande île du monde. À la suite de vos recherches sur le biome de votre choix, préparez une brochure ou un itinéraire pour des vacances écotouristiques sur la région que vous avez étudiée.

1. D'abord formez une équipe de chercheurs. Choisissez l'un des biomes suivants de Madagascar:
   a. la savane
   b. le désert
   c. la forêt tropicale
   d. la montagne
2. Faites des recherches en ligne sur les aspects suivants. N'oubliez pas de penser à des manières d'incorporer les informations scientifiques dans les visites touristiques.
   a. l'emplacement de l'aire biogéographique sur l'île (nommez les régions touchées)
   b. la gamme de températures du biome
   c. la quantité de précipitations
   d. la description du sol
   e. la flore
   f. la faune
   g. les adaptations des espèces et des plantes dans le biome
   h. les problèmes environnementaux
   i. les sites naturels et humains intéressants à visiter
3. Préparez votre PowerPoint ou votre brochure que vous allez présenter aux clients.

Tournez un court métrage

Les légendes sur les éclipses lunaires et solaires sont nombreuses. Peut-être que vous en connaissez déjà quelques-unes de votre pays ou de votre tradition familiale. Cherchez sur le web ou dans la bibliothèque des versions de légendes au sujet des mythes des éclipses solaires et lunaires qui vous intéressent. Après avoir choisi une légende, écrivez un scénario et tournez un court métrage sur la légende. Votre film peut rester dans le domaine du mythe ou dans un contexte moderne comme celui de notre film. Voilà quelques exemples de légende que vous pouvez trouver en ligne.

1. La lutte du soleil et du serpent (L'Égypte ancienne)
2. Le mythe d'Amrita et l'élixir d'immortalité (L'Inde)
3 Les Amours d'Etsa et Nantu (L'Amazonie)
4. La chute de la Lune et le Puma céleste (L'Empire Incaïque)
5. La vengeance de la Lune tachée (L'Afrique de l'Est)
6. Le Soleil et la Lune divorcent (Le Togo)

Comprendre la difficulté de la «traduction» culturelle et linguistique

Comme le cinéaste Rajaonarivelo, beaucoup d'artistes francophones sont obligés de transposer ou de «traduire» des sujets d'une langue en une autre et d'une culture en une autre. Un exemple serait l'un des pères de la littérature malgache francophone qui s'appelle Jean-Joseph Rabearivelo. Souvent appelé «le passeur de langues», il trouve une grande partie de son inspiration poétique en puisant dans sa culture maternelle afin de fonder une nouvelle tradition littéraire franco-malgache.

Pour comprendre la difficulté de la traduction, essayez de faire une traduction d'un des poèmes de Rabearivelo en anglais. Essayez de respecter les aspects esthétiques de l'original. Ensuite trouvez une version anglaise d'un de ses poèmes et faites une traduction française. Cherchez l'original français de ce poème et comparez-le à votre version française.

Réflexion sur l'activité de la traduction

a. Est-ce que votre version reproduit l'original comme le traducteur professionnel l'a fait? Quelles différences y a-t-il?
b. Avez-vous fait certains choix pour des raisons esthétiques, métaphoriques, culturelles ou pratiques? Expliquez. Et les choix du traducteur? Pouvez-vous les justifier?
c. Quelles sont les difficultés que vous avez rencontrées en traduisant en français? Y a-t-il eu des difficultés liées aux différences culturelles? Expliquez.

Essai

«Traduire, c'est trahir». Cette expression de la Renaissance italienne exprime une certaine notion de la difficulté de transposer une idée dans une autre langue. Pourtant beaucoup de poètes francophones ont trouvé de l'inspiration dans cet exercice. Car cela leur permet d'entrer dans «les interstices» des pensées d'une autre personne ou d'une autre culture. Le poète malgache Jean-Joseph Rabearivelo est l'un de ces poètes, s'inspirant de son passage entre le français et le malgache. Afin de mieux comprendre les manifestations de la traduction dans la culture malgache, choisissez un poème de Rabearivelo et étudiez-le du point de vue de cette notion de la «traduction». Quels sont les aspects révélés par votre lecture? Voyez-vous des aspects de ce concept dans le film? Comment? Suite à votre étude, écrivez un essai bien organisé qui montre le rôle de la traduction dans la culture malgache à travers ces deux oeuvres d'art.

Bibliographie

Rabearivelo, Jean-Joseph. *Complete Late Poetry of Jean-Joseph Rabearivelo: A Facing Page Translation from the Malagasy and French into English.* Trans. Leonard Fox. Lewiston, NY: Edwin Mellen, 2010.

---. *Oeuvres complètes: Le poète, le narrateur, le dramaturge, le critique, le passeur de langues, l'historien.* Tome 2. Paris: CNRS éd. DL, 2012.

---. *Poèmes: Presque-songes; Traduit de la nuit; Chants pour Abeone.* Paris: Hatier, 1990.

Ressources

Guide Routard: Madagascar (Quelques traditions malgaches expliquées) [www.routard.com/guide/madagascar/946/traditions.htm]

Madagascar: le guide [www.madagascar-guide.com/rubrique/guide/histoire_78.html?PHPSESSID=4b07003f8a8c0cc9c392b043c9ca290c]

Madagascar Island [www.madagascar-island.com/costume-traditionnel-malgache]

Madagascarica: Voyage au Coeur de l'île rouge [www.madagascarica.com/Culte%20des%20ancetres.html]

Pour trouver le film: Library of African Cinema. [http://newsreel.org/video/QUAND-LES-ETOILES-RENCONTRENT-LA-MER]

3
Ma Vie en rose

Stacey Beth-Mackowiak Ayotte
University of Montevallo (AL)

Metteur en scène: Alain Berliner
Acteurs: Georges du Fresne, Michèle Laroque, Jean-Philippe Écoffey, Hélène Vincent
Dates de sortie: 1997
Genre: Drame/Comédie
Prix: Golden Globe pour le meilleur film étranger, Crystal Globe au Festival international Karlovy Vary

Vocabulaire

bourré(e)	drunk (fam.)
se chercher	to search for oneself
congélateur (n.m.)	freezer
conte de fée (n.m.)	fairy tale
se déguiser	to dress up, wear a costume
dévoiler	to reveal
fringues (n.f.)	clothes (fam.)
porter plainte	to file a complaint
psychologue (n.m/f.)	psychologist
tapette (n.f.)	fly swatter (homosexual [slang])
tomber dans les pommes	to faint
virer	to fire (fam.)

FICHE PÉDAGOGIQUE

Avant le visionnement

Questions écrites pour les devoirs (avant de voir le film)

1. Les contes de fées. Pensez aux personnages stéréotypés dans les contes de fées. Quels adjectifs est-ce que vous associez aux personnages principaux? Dressez une liste d'adjectifs pour les personnages suivants (le prince/la princesse, la sorcière, la mère/la belle-mère, la bonne fée). Utilisez les adjectifs ci-dessous ou ajoutez-en d'autres.

   mauvais(e) – malin(e) – naïf(ve) – rusé(e) – charmant(e) – beau(belle) – laid(e) – intelligent(e) – gâté(e) – cruel(le) – victime – fort(e) – simple – égoïste – conformiste – individualiste – heureux(se) – triste – sérieux(se) – amusant(e) – ordinaire – désagréable – abominable – innocent(e) – sincère – ignorant(e) – féroce – sombre

2. Pourquoi est-ce que le public est attiré par les contes de fées? Qu'est-ce qu'ils offrent au public?
3. Le titre fait explicitement référence à une chanson d'Edith Piaf, «La vie en rose». Faites une recherche sur Internet et dites de quelle sorte de chanson il s'agit. À quelle sorte de film vous attendez-vous?

Questions en groupes (en classe)

1. À quels jeux les garçons et les filles jouent-ils d'habitude? Écrivez une liste avec votre groupe.
2. Les garçons et les filles doivent-ils avoir des activités différentes? Expliquez en donnant des exemples.
3. Quand vous étiez jeunes, à quels jeux jouiez-vous? Avec qui? Est-ce que c'était différent si vous jouiez avec une fille ou un garçon?
4. Doit-on élever les garçons différemment des filles? Justifiez votre réponse.

La Chanson: «La vie en rose» (Édith Piaf)

Donnez les paroles aux étudiants. Demandez-leur de remplir les blancs avec le pronom objet direct ou indirect qu'ils entendent. (Les mots sont en italiques dans les paroles ci-dessous).

Des yeux qui font baisser les miens,
Un rire qui se perd sur sa bouche,
Voilà le portrait sans retouche
De l'homme auquel j'appartiens

Quand il *me* prend dans ses bras
Il *me* parle tout bas,
Je vois la vie en rose.

Il *me* dit des mots d'amour,
Des mots de tous les jours,
Et ça *me* fait quelque chose

Il est entré dans mon coeur
Une part de bonheur
Dont je connais la cause.

C'est lui pour moi. Moi pour lui
Dans la vie,
Il me *l'*a dit, *l'*a juré pour la vie.

Et dès que je *l'*aperçois
Alors je sens en moi
Mon coeur qui bat

Des nuits d'amour à ne plus en finir
Un grand bonheur qui prend sa place
Des ennuis des chagrins, des phases
Heureux, heureux à en mourir.

Quand il *me* prend dans ses bras
Il *me* parle tout bas,
Je vois la vie en rose.

Il *me* dit des mots d'amour,
Des mots de tous les jours,
Et ça *me* fait quelque chose.

Il est entré dans mon cœur
Une part de bonheur
Dont je connais la cause.

C'est toi pour moi. Moi pour toi
Dans la vie,
Il *me l'*a dit, *l'*a juré pour la vie.
Et dès que je *l'*aperçois
Alors je sens en moi
Mon coeur qui bat

Révision des pronoms dans la chanson avec les étudiants. Parlez de la position des pronoms.

Sujet + Pronom + Verbe

Questions de compréhension avec les pronoms (à l'oral et/ou à l'écrit- pour renforcer la position des pronoms)

1. Qui est-ce qu'il prend dans ses bras?

   Il la prend dans ses bras.

2. À qui est-ce qu'il parle tout bas?

   Il lui parle tout bas.

3. À qui est-ce qu'il dit des mots d'amour?

   Il lui dit des mots d'amour.

4. Qui est-ce qu'elle aperçoit?

   Elle l'aperçoit.

Ma Vie en rose

Questions de contenu (à l'oral)

1. De quelle sorte d'amour est-ce qu'elle parle dans la chanson?
2. Est-ce que vous avez l'impression qu'elle aime son amant de tout son cœur? Pourquoi? Quelles paroles vous donne cette idée?

Questions personnelles (à l'oral en groupe ou en paires)

1. Est-ce que vous avez déjà vécu l'amour dont elle parle? Avec qui?
2. Qui est-ce que vous aimez de tout votre cœur?
3. Qu'est-ce que c'est «la vie en rose»? Expliquez ce terme dans vos propres mots.

Avant le film

Explication de la politique des années 1980 et 1990 (avec les Socialistes au pouvoir—la tendance homophobe s'inverse et les homosexuels et hétérosexuels commencent à être mis sur un plan d'égalité).

Les années 90—le PACS (Pacte civil de solidarité)—l'occasion d'une réflexion sur le rôle et la composition de la famille dans la société.

Le PACS est un contrat d'union civile qui permet l'union de deux personnes, quel que soit leur sexe.

Le PACS est voté par l'Assemblée nationale en 1999. Le PACS est un premier pas vers une équité plus grande entre homosexuels et hétérosexuels.

Dans *Ma vie en rose*, Alain Berliner propose une comédie de moeurs qui aborde deux sujets brûlants, la sexualité infantile et la transsexualité. Le film raconte l'histoire d'un jeune garçon, Ludovic, qui voudrait être une fille. Il s'habille en fille, préfère jouer à la poupée qu'aux soldats et tombe amoureux de son voisin, Jérôme. Mais ni sa famille ni la communauté ne voient cela d'un bon œil et Ludovic doit bientôt faire face à un choix décisif: Faut-il se conformer aux attentes des autres ou au contraire, faut-il chercher sa propre voie si l'on veut être heureux?

Questions personnelles (avant le film)

1. Qu'est-ce qui compte le plus pour vous, le bonheur des siens (de sa famille) ou le respect de la communauté (les voisins, les amis, la famille au sens large)? Pourquoi?
2. Si vous deviez sacrifier l'une de ces deux choses (famille ou communauté), comment est-ce que vous vivriez? À quels sacrifices devriez-vous consentir?

Pendant le visionnement

Remplissez le tableau suivant pendant le film. Faites bien attention à l'attitude de Ludovic pendant chaque scène en question. Pensez aux questions suivantes pour bien remplir le tableau. Qu'est-ce qui se passe pendant la scène? Quelle est l'attitude de Ludovic? Quelles sont les opinions des autres (famille, amis, invités, enfants, etc.)? Notez enfin votre réaction à la réaction des autres. Êtes-vous choqué(e)? surpris(e)? horrifié(e)? triste? heureux(se)? bouleversé(e)? Pourquoi?

Scène	Attitude de Ludovic	Réaction des autres	Votre réaction
La fête dans le jardin (première scène)			
Le «mariage» entre Ludo et Jérôme			
La pièce de théâtre «Blanche Neige»			
Ludo dans le congélateur			
La fête d'anniversaire de Sophie			
La coupe de cheveux			
La fête d'anniversaire de Christine			

Questions sur le film

Questions de compréhension (comme devoirs ou en classe)

1. Dans la salle de classe, Jérôme demande à l'enseignante de changer de place parce qu'il craint d'aller en enfer. Pourquoi dit-il cela?
2. Dans le jardin, Granny raconte l'histoire d'une mère qui a permis à son fils de s'habiller en jupe. Que dit-elle exactement? Pensez-vous que son idée ait du mérite? Doit-on la considérer?
3. La sœur de Ludovic essaie de lui donner une leçon de biologie en expliquant qu'un garçon, c'est XY et qu'une fille, c'est XX. Comment Ludovic interprète-t-il cette analyse?
4. Quelques personnages essaient de comprendre Ludovic. Pensez à sa mère, à sa grand-mère et à son enseignante. Qu'est-ce qu'elles font pour améliorer la situation de Ludovic? Qui le comprend le mieux? Pourquoi? Justifiez votre réponse.
5. Pourquoi les deux frères de Ludovic ne le défendent-ils pas après le match de foot?
6. Qu'est-ce que Ludovic veut faire pour la fête d'anniversaire de Sophie? Sa famille est-elle d'accord? Pourquoi?
7. Qu'est-ce qui arrive au père de Ludovic?
8. Pourquoi Ludovic pense-t-il qu'il est devenu une fille?
9. De quoi est-ce que Ludovic rêve chez Granny?
10. Qu'est-ce que Granny donne à Ludovic avant de partir? Pourquoi le fait-elle?
11. Qu'est-ce que Christine convainc Ludovic de faire à son anniversaire? Décrivez la réaction de la mère de Ludovic. Ses actions sont-elles justifiées?
12. Expliquez la mentalité des parents de Ludovic à la fin du film. Pensez-vous qu'ils aient vraiment accepté leur fils? Pourquoi ou pourquoi pas?

Après le visionnement

Questions en groupes (à l'oral)

1. Le film porte sur une question d'identité. Pensez-vous que Ludovic sache qui il est? Peut-il comprendre la réaction des enfants de son âge? Selon vous, à quel moment va-t-il mieux comprendre?
2. La tolérance et ses limites. Pourquoi une société doit-elle faire preuve de tolérance? Doit-on accepter toutes les différences, toutes les identités ou faut-il imposer certaines limites?

Projets suggérés

Une Chanson

Mettez les étudiants en petits groupes. Demandez-leur d'écrire une chanson sur un thème du film (l'amour, la tolérance, l'identité, etc.). S'il y a des musiciens dans la classe, ils peuvent ajouter de la musique aux paroles.

Option: Chaque groupe peut écrire une partie d'une chanson (un ou deux strophes) sur un thème choisi par la classe entière. Mettez toutes les parties ensemble et vous aurez une chanson unique créée par les membres de la classe.

Essais

Question pour les devoirs (à l'écrit)

Le rire pour faire face à ses démons. Souvent, au cinéma, le rire est une façon de faire face à ses peurs pour se moquer des incertitudes et des angoisses de la société. Donnez quelques exemples de comédies qui parlent des angoisses et des incertitudes contemporaines (dans la vie amoureuse, les relations avec les parents, le monde du travail, etc.). Ensuite, expliquez comment ces comédies permettent d'aborder des sujets difficiles.

Approches

Ce film peut être enseigné durant un chapitre sur l'identité, la tolérance ou les préjugés.

Interrogations écrites

Vrai/Faux. Une combinaison du film (le contenu) et de la grammaire.

Lisez les phrases suivantes et décidez si elles sont vraies ou fausses. Si elles sont fausses, corrigez-les. Récrivez les phrases en utilisant un pronom d'objet direct ou indirect (Regardez les mots en italiques pour vous signaler l'objet à remplacer).

1. Granny offre un jouet chariot de ménage *à Ludovic.*

   Faux, elle lui offre une boîte à bijoux.

2. Les garçons battent *Jérôme* après le match de football.

   Faux, ils ne le battent pas. Ils battent Ludovic (ils le battent).

3. Zoé explique une leçon de biologie *à son frère.*

   Vrai, elle lui explique une leçon.

4. Le patron vire *la maman de Ludovic.*

   Faux, il ne la vire pas. Il vire le papa de Ludovic (il le vire).

5. Hannah trouve *son mari* dans le congélateur.

   Faux, elle ne le trouve pas dans le congélateur. Elle trouve Ludovic (elle le trouve).

6. Ludo porte *la robe de Jérôme* pendant la cérémonie de mariage.

   Faux, il ne la porte pas. Il porte la robe de la soeur de Jérôme (il la porte).

Essais

1. Selon vous, la vie est-elle un conte de fées? Peut-on dire qu'on joue parfois le rôle de personnages typiques de conte de fées? Pourquoi fait-on référence à ces situations et à ces personnages, qui sont clairement imaginaires, dans la vie de tous les jours?
2. Quel rôle *Le monde de Pam* joue-t-il dans le film?

Réflexion personnelle

J'enseigne le français dans une petite université publique dans une région assez rurale. On pourrait imaginer que la majorité des étudiants qui y étudient viennent de familles très conservatrices. Cependant, nous avons une bonne population d'étudiants homosexuels. Il est très intéressant de voir comment ces deux groupes différents se mélangent en classe. Pour beaucoup de ces étudiants homosexuels, c'est pendant leurs années à l'université qu'ils trouvent le courage de faire leur «coming out» et d'admettre qu'ils sont homosexuels. Pour moi, ce film nous aide à parler de ce sujet délicat.

Ressources

Edmiston, William F. and Annie Duménil. *La France Contemporaine*, 4th édition. Boston: Heinle Cengage, 2010.
[www.p-a-c-s.fr]

4
Au plus près du paradis

Marcelline Block
LIM College (NY)

Metteur en scène: Tonie Marshall
Acteurs: Catherine Deneuve, William Hurt, Patrice Chéreau, Emmanuelle Devos, Bernard Le Coq, Hélène Fillières, Paulina Porizkova
Date de sortie: 2002
Genre: romance; comédie dramatique
Prix: Nominé pour le Lion d'Or pour Tonie Marshall à Venise (2002)

Vocabulaire

abstrait	abstract
affreux	horrible
analogie (n.f.)	analogy
s'angoisser	to be anxious about
arracher	to rip, to tear
attraper	to catch, to trap
autoportrait (n.m.)	self-portrait
avoir de la marge	to have leeway
billet (n.m.)	ticket
bois (n.m.)	wood
caisse (n.f.)	cash register
canapé (n.m.)	couch
cauchemar (n.m.)	nightmare
claque (n.f.)	slap
clou (n.m.)	nail (tool)
complet	full (describing a place, such as a theater)
costume (n.m.)	man's suit
crevé	exhausted
cuir (n.m.)	leather
des affaires (n.f.pl.)	business affairs
dommage	What a pity!
entretien (n.m.)	interview, conversation
épaule (n.f.)	shoulder
être amoureux de	to be in love with
s'excuser	to apologize
fée (n.f.)	fairy
foie (n.m.)	liver
folle (n.f.)	crazy woman
fou (n.m.)	crazy man
fumer	to smoke
interminable	endless
klaxonner	to honk the horn of a car
marrant	funny
mes hommages	my respects/my compliments
moine (n.m.)	monk
ongles (n.f.pl.)	fingernails/toenails
pareil	similar
pire	worse
poule (n.f.)	hen, chick (slang for woman)
prise (n.f.)	electric socket, power outlet
refroidir	to cool down
se réfugier	to take refuge
séchoir à cheveux (n.m.)	hairdryer
siffler	to whistle
souffle (n.m.)	breath
souffrir	to suffer
suivre	to follow
tableau (n.m.)	painting
tousser	to cough
se tromper	to make a mistake
vernissage (n.m.)	opening of an art exhibit
volant (n.m.)	steering wheel

FICHE PÉDAGOGIQUE

Avant le visionnement

La bande-annonce: tous ensemble, regardez la bande-annonce du film *Au plus près du paradis* sur le DVD du film ou sur Internet [www.youtube.com/watch?v=xrY2evJMyzw]. Répondez aux questions suivantes:

1. Dans quelles villes et dans quels pays le film se déroule-t-il?
2. Connaissez-vous Catherine Deneuve, une grande dame du cinéma français? Avez-vous vu un ou plusieurs de ses films?
3. À quel genre (ou genres) ce film appartient-il? Drame, romance, aventure, comédie romantique, tragédie, science-fiction, documentaire, comédie musicale, bande dessinée...

Biographie de Tonie Marshall, réalisatrice du film

Pour connaître davantage la vie et l'oeuvre de la cinéaste Tonie Marshall, cherchez-la sur internet (par exemple, regardez le clip «*Au plus près du paradis*: Interview de Tonie Marshall»: [www.daily motion.com/video/xby-0cr_au-plus-pres-du-paradis-interview-d_shortfilms]) ou regardez l'interview avec elle sur le DVD du film, et répondez aux questions suivantes:

1. Qui sont les parents de Tonie Marshall? Pourquoi est-ce significatif?
2. Où est née Tonie Marshall? En quelle année?
3. Quel est le contexte culturel dans lequel elle a grandi? Est-elle bilingue?
4. Quels genres de films est-ce que Tonie Marshall a réalisés?
5. Quels thèmes traite-t-elle dans ses films?
6. Quel grand prix du cinéma français est-ce que Tonie Marshall a reçu? Pourquoi est-ce historique?

Pendant le visionnement

Fanette et les hommes. Pendant qu'ils regardent le film, les étudiants vont noter les noms des hommes que Fanette rencontre dans le film. Les étudiants vont aussi donner autant de renseignements que possible sur chacun de ces hommes. Pour chaque homme, remplissez le questionnaire suivant:

1. Nom Prénom
2. Âge approximatif
3. Profession
4. Relation avec Fanette
5. Où est-ce que Fanette l'a rencontré?
6. Qu'est-ce que Fanette et lui font ensemble?
7. Est-ce que cet homme est une possibilité romantique pour Fanette? Si oui, pourquoi?

Questions sur le film

Questions de compréhension

1. Qui est Bernard?
2. Qui est Philippe?
3. Où est-ce que Fanette a rencontré Bernard? Et Philippe?
4. Comment est-ce que Bernard traite Fanette?
5. Décrivez Lucie, la fille de Fanette. Comparez Lucie et Fanette.
6. Qu'est-ce que Fanette pense des chambres vides dans son appartement?
7. Quel est le nom du film américain que Fanette adore et regarde souvent?
8. Pourquoi est-ce que Fanette adore ce film américain?
9. Qui sont les acteurs de ce film américain?
10. Quel peintre français est mentionné dans ce film américain?
11. Est-ce que Fanette pense que c'est la musique du film américain qui l'a fait pleurer?
12. D'où vient le titre *Au plus près du paradis*?
13. Comment est-ce que Philippe communique avec Fanette?
14. Quel est le nom du peintre français sur qui Fanette écrit un livre?
15. Comment est-ce que Fanette doit changer son livre pour obéir à son éditeur?
16. Qui est Pierre?
17. Pourquoi est-ce que Fanette doit aller à New York?
18. Pourquoi est-ce que Matt doit travailler avec Fanette?
19. Est-ce que Matt parle français?
20. Dans quelle ville américaine est-ce que Fanette et Matt voyagent ensemble, et pourquoi? Pourquoi est-ce qu'ils y vont en voiture plutôt qu'en avion?
21. Quel est le titre de la chanson que les gens chantent ensemble dans le restaurant newyorkais? Que signifie cette chanson dans le contexte du film?

Questions de réflexion

1. Pourquoi est-ce que Fanette s'intéresse à Philippe?
2. Pourquoi est-ce que le film hollywoodien *An Affair to Remember* est important pour Fanette?
3. Pourquoi est-ce que Fanette préfère Matt à la fin du film? À votre avis, est-ce qu'elle a fait le bon choix?

4. Pourquoi est-ce que les chaussures et les pieds de Fanette sont souvent remarqués dans le film?

5. Discutez Fanette comme mère et sa relation avec Lucie. Est-ce qu'elles sont très proches?

6. Comment est-ce que Fanette est accueillie aux États-Unis? Est-ce qu'elle se sent bien ou mal à l'aise dans ce pays étranger?

7. La représentation de Paris et de New York dans le film. En quoi est-ce que ces villes diffèrent? Qu'est-ce qu'elles ont en commun?

8. Que pensez-vous des peintures de François Arnal dans le film?

9. Pensez-vous que Fanette devrait doit rester à New York et vivre avec Matt?

Après le visionnement

Projets suggérés

Critique du film (une à deux lignes pour chaque question pour les élèves débutants; trois à cinq lignes pour les élèves de classes intermédiaires; cinq à sept lignes pour les élèves avancés)

1. Donnez un synopsis du film.

2. Discutez la mise en scène du film: les lieux, les décors, la palette de couleurs, les vêtements, la musique…est-ce que tout va bien ensemble ou est-ce qu'il y a des éléments qui clochent?

3. Jugez les performances des deux stars du film, Catherine Deneuve et William Hurt. Est-ce qu'ils jouent bien ensemble?

4. Qui est votre personnage préféré dans le film?

5. Avez-vous aimé le film? Allez-vous le recommander?

Activités pour les étudiants de classes intermédiaires

Travaillez avec un partenaire.

1. Imaginez une autre fin du film: Fanette rencontre Philippe au sommet de l'*Empire State Building.* Écrivez le scénario et le dialogue entre eux. De quoi parlent-ils? Jouez le dialogue entre Philippe et Fanette devant la classe (trois à quatre minutes).

2. Imaginez la conversation entre Matt et Fanette à la fin du film après qu'elle a traversé l'avenue pour le retrouver. Qu'est-ce qu'ils se disent? Est-ce qu'ils font des projets pour l'avenir? Écrivez un dialogue en français entre eux, et jouez-le en classe (trois à quatre minutes).

3. Imaginez la suite d'*Au plus près du paradis* qui aura lieu dans 10 ans. Discutez la relation de Fanette et Matt 10 ans après la fin du film. Qu'est-ce qui s'est passé entre eux? Sont-ils toujours ensemble? Vivent-ils à Paris, New York, ou ailleurs? Commentez non seulement leur vie romantique, mais aussi leur vie professionnelle. Présentez un synopsis détaillé devant la classe. Donnez un autre titre au film! (activité de partenaires ou d'individu) (trois à quatre minutes).

4. Vous allez poser cinq questions à François Arnal. Recherchez-le. Écrivez cinq questions. Posez les questions à votre camarade de classe qui joue le rôle d'Arnal. Ensuite, changez de rôles (votre camarade va vous poser les cinq questions et vous jouerez Arnal) (trois à quatre minutes).

5. L'oeuvre de Catherine Deneuve. Découvrez Catherine Deneuve, sa vie et son oeuvre (consultez les sites donnés à la fin de cette fiche pédagogique). Choisissez cinq de ses rôles les plus iconiques, et présentez-les à la classe sous forme de diaporama (PowerPoint, Prezi, etc.) (activité de partenaires ou d'individu) (trois à quatre minutes).

Activités pour les étudiants avancés

Présentations orales de projets de recherche (seul ou en groupes de deux à trois étudiants) sous forme de diaporama (PowerPoint, Prezi) (six à huit minutes).

1. Parlez de la vie et de l'oeuvre de François Arnal. Consultez des sites Web ainsi que le livre de Catherine Millet, *François Arnal*. Faites une présentation avec des exemples de l'art d'Arnal et de ses expositions en galeries et aux musées.

2. Considérez l'évolution de l'oeuvre entière de Catherine Deneuve: son importance pour la culture française comme actrice, icône de la mode, modèle pour le buste officiel de «Marianne» et ambassadrice de la culture française. Quelle est la place d'*Au plus près du paradis* dans sa filmographie? Montrez des clips et des extraits de films. Consultez son livre *À l'ombre de moi-même*.

3. Situez l'oeuvre de Tonie Marshall dans une discussion des réalisatrices françaises/ francophones, depuis Alice Guy-Blaché de la fin du 19e siècle jusqu'à nos jours. Quels préjugés existent toujours contre les femmes cinéastes? Inspirez-vous du documentaire *Cinéast(e)s* de Julie Gayet et Mathieu Busson; il contient des entretiens avec vingt-et-une cinéastes françaises et francophones, y compris Tonie Marshall (consultez la bibliographie).

4. Regardez le film *An Affair to Remember.* Faites une comparaison entre *An Affair to Remember* et *Au plus près du paradis.*

Essais pour les élèves de classes intermédiaires et avancées

1. Selon Oscar Wilde, «La vie imite l'Art bien plus que l'Art n'imite la vie». Est-ce qu'*Au plus près du paradis* illustre bien cette boutade? Expliquez. Étudiants avancés continuent l'essai avec la question suivante: Que symbolisent les peintures d'Arnal dans *Au plus près du paradis*?

2. Portrait de Fanette: en utilisant au moins sept adjectifs, quels sont les traits caractéristiques qui la définissent? Étudiants avancés continuent l'essai avec les questions suivantes: Où est-ce que Fanette se situe dans la vie? Notez comment elle joue plusieurs rôles: mère, écrivaine, amie, voisine, femme seule à l'étranger, collègue de travail...Que veut-elle accomplir? Quelles sont ses ambitions? Est-ce qu'elle atteint ses buts?

3. Réfléchissez sur l'identité franco-américaine de Tonie Marshall; comment *Au plus près du paradis* aborde-t-il le rapport franco-américain?

4. Choisissez deux parmi les thèmes suivants: le désir, la fantaisie, la fidélité, le voyage, l'art moderne, le passé, l'amour (Étudiants avancés: choisissez trois thèmes). Discutez et décrivez au moins deux scènes clés pour chaque thème sélectionné. Étudiants avancés continuent l'essai en ajoutant un nouveau thème, et expliquez pourquoi ce thème est important pour vous.

Au plus près du paradis

Des approches

Il y a plusieurs approches—thématiques, historiques, ou comparatives—pour la compréhension et l'enseignement d'*Au plus près du paradis:*

1. Mise en abyme: donnez la définition de la mise en abyme. Recherchez d'autres exemples en littérature ou en filmographie française où la mise en abyme joue un rôle important. Par exemple: en littérature, *Jacques le fataliste et son maître* de Denis Diderot.

2. *Au plus près du paradis* en conjonction avec d'autres films français ou francophones qui dépeignent l'artiste peintre: Bruno Nuytten, *Camille Claudel;* Bruno Dumont, *Camille Claudel 1915;* Maurice Pialat, *Van Gogh*; Roger Planchon, *Lautrec*; Gilles Bourdos, *Renoir*.

3. Les Français à New York: *Au plus près du paradis* et d'autres films qui portent sur les Français/ Francophones à New York: la regrettée Chantal Akerman (1950-2015), *News from Home* et *Un Divan à New York;* Cédric Klapisch, *Casse-tête chinois;* Géraldine Nakache et Hervé Mimran, *Nous York;* Julie Delpy, *2 Days in New York;* Olivier Dahan, *La Môme*...

4. L'*Empire State Building* dans le cinéma: avec *An Affair to Remember* et *Au plus près du paradis,* trouvez d'autres exemples de films dans lesquels l'*Empire State Building* a une place proéminente (comme dans *King Kong*).

5. Comme William Hurt dans *Au plus près du paradis*, il y a plusieurs acteurs anglophones qui ont eu du succès dans le cinéma français et qui parlent français couramment. Il y a d'autres exemples d'acteurs anglophones qui parlent français (Jacqueline Bisset, Jodie Foster, Jeremy Irons, John Malkovich, Charlotte Rampling, Jean Seberg, Kristin Scott Thomas). Dans quels films français jouent-ils?

6. La cinéphilie dans les films: trouvez des exemples de films comme *Au plus près du paradis* dans lesquels un autres ou d'autres films sont montrés et sont au coeur de la narration.

Interrogations

Interrogations écrites

1. Étudiants débutants: Quelle est la «leçon» du film *Au plus près du paradis*?

2. Étudiants de classes intermédiaires: Est-ce que Fanette serait plus heureuse avec Matt qu'avec Philippe? Pourquoi?

3. Étudiants avancés: Quel est le rôle du film classique hollywoodien (*An Affair to Remember*) dans *Au plus près du paradis*? Que symbolise-t-il?

Interrogations orales

1. Étudiants débutants: Qui est votre peintre préféré? Dites pourquoi.

2. Étudiants débutants: Aimez-vous voyager à l'étranger? Pourquoi?

3. Étudiants de classes intermédiaires: Y a-t-il un film que vous regardez souvent? Lequel (ou lesquels)?

4. Étudiants avancés: Qu'est-ce que les films classiques peuvent nous enseigner au 21e siècle? Avez-vous vu un film d'entre les années 1940 et 1965 qui vous a énormément plu?

Réflexion personnelle

Au plus près du paradis est un film subtil et complexe, doté d'une atmosphère élégante, romantique, et fantaisiste. J'apprécie que le film questionne la part de la peinture et du cinéma dans la vie quotidienne, et demande si la vie imite l'art. Le film rend hommage à François Arnal (1924-2012), peintre français; à *An Affair to Remember* (Leo McCarey, 1957), un film hollywoodien; et à une des très grandes dames du cinéma français, Catherine Deneuve (1943-). Arnal est décédé en octobre 2012; dix ans avant sa mort, il joue dans *Au plus près du paradis*. Le film est situé dans mes deux villes préférées: New York (ma ville natale) et Paris (où j'ai fait mes premiers pas à l'âge de douze mois). Comme Tonie Marshall, la réalisatrice du film *Au plus près du paradis*, j'ai un parent français et un parent américain. Le film me plaît beaucoup parce qu'il se passe dans les deux pays et dépeint les deux cultures. De plus, il faut encourager les femmes cinéastes. Tonie Marshall est la seule femme qui ait reçu le César du meilleur réalisateur, pour son film *Venus beauté* (institut) (1999). Son oeuvre est très riche, et ses films sont vraiment agréables à regarder. À mon avis, les films de Tonie Marshall ont beaucoup à offrir aux étudiants de la langue, de la culture et du cinéma français.

Bibliographie

Livres

Deneuve, Catherine. *À l'ombre de moi-même*. Paris: Stock, 2004. Imprimé.

Millet, Catherine. *François Arnal*. Paris: Cercle d'Art, 1998. Imprimé.

Films

Gayet, Julie, et Mathieu Busson, réalisateurs. *Cinéast(e)s*. Tournez S'il Vous Plaît/Ciné+, 2013.

McCarey, Leo, réalisateur. *An Affair to Remember*. Twentieth Century Fox Film Corporation, 1957.

Ressources

«François Arnal, l'urgence d'être artiste». [imago.blog.lemonde.fr/2012/11/02/francois-arnal-lurgence-detre- artiste] Chroniques du chapeau noir, 2 novembre 2012. Web.

AlloCiné [www.allociné.fr]

Au plus près du paradis, scène inédite (clip sur YouTube): [www.youtube.com/watch?v=QuV5sWWpxiM]

Au plus près du paradis: Interview de Tonie Marshall (clip): [www.dailymotion.com/video/xby0cr_au-plus-pres-du-paradis-interview-d_shortfilms]

Au plus près du paradis, avec des photos du film (Unifrance): [www.unifrance.org/film/22475/au-plus-pres-du-paradis]

François Arnal: [www.francoisarnal.com]

Internet Movie Database [www.imdb.com]

Catherine Deneuve: [cinema.encyclopedie.personnalites.bifi.fr/index.php?pk=39335]

Tonie Marshall: [fr.wikipedia.org/wiki/Tonie_Marshall]

«Le 'making' du film *Au plus près du paradis*» sur le DVD du film et sur Internet: [www.youtube.com/watch?v=-YK_85Jy1Gc]

Au plus près du paradis

Serge Toubiana. Interview avec Tonie Marshall. DVD du film *Au plus près du paradis*. Maïa Films, Pyramide Productions, 2002 (DVD: Fox Lorber, 2005).

5
Le Silence de la forêt

Marie-Magdeleine Chirol
Whittier College (CA)

Metteurs en scène: Didier Ouénangaré et Bassek ba Kobhio
Pays concerné: République centrafricaine (RCA) ou Centrafrique
Pays de production: Cameroun, France, Gabon
Acteurs: Eriq Ebouaney (Gonaba), Sonia Zembourou (Kali), Nadège Beausson Diagne (Simone), Philippe Maury (Préfet), Zacka Soumbou (Patriarche), Ernest Mongaï (Koulou), Antoine Soko (Touka), Zéphyrin Tina (Ekongo), Albert Kah (Paul le domestique), Bruno Baleboua (Chef Sobélé), Fidèle Mokowo (Manga), Perkiys Mbaïnoudjim (Directeur de l'école), Boukar Issa Boukar (Batelier).
Date de sortie: 2003
Genre: drame
Prix: Sélection de la Quinzaine des réalisateurs 2003, Festival de Cannes; Mention Spécial du Jury, Festival International du Film Francophone de Namur 2003; Caravane des Cinémas d'Afrique 2006 (édition n9 – Sainte-Foy-Les-Lyon)
Le film: Le Silence de la forêt est une adaptation cinématographique du roman éponyme d'Étienne Goyémidé paru en 1984. Il contient deux scènes sexuelles [15:36-16:20] et [1:02:30-1:02:40]. Il est disponible (en français, diaka et sango, avec s.t. anglais) sur le site de California Newsreel: [http://newsreel.org/video/LE-SILENCE-DE-LA-FORET]

Vocabulaire

arbre à palabre (n.m.)	tree of counsel
arc (n.m.)	bow
batelier (n.m.)	ferryman
bouffonnerie (n.f.)	clownery
cascade (n.f.)	waterfall, cascade
chasser	to hunt
costume (n.m.)	man's suit
chenille (n.f.)	caterpillar
corrompu jusqu'à la moelle	corrupted to their bones
ensemble (n.m.)	outfit
fanfaronnade (n.f.)	boasting
flèche (n.f.)	arrow
jouisseur (n.m.)	partier, pleasure seeker
justicier (n.m.)	avenger
manioc (n.m.)	manioc (tuberous starchy root; staple food in some African countries)
piège (n.m.)	trap
veste (n.m.)	jacket
clinquant (n.m.)	tawdriness, tackiness
paraître (n.m.)	apparence, looks

FICHE PÉDAGOGIQUE

A. Consultez une carte de la République Centrafricaine (RCA) et complétez.

1. Pays francophones frontaliers de la RCA

	Oui	**Non**
Burundi		
Cameroun		
Congo		
Gabon		
République Démocratique du Congo		
Rwanda		
Tchad		

2. La capitale de la RCA est ...

	Oui	**Non** (noter le nom du pays)
Bangui		
Brazzaville		
Bujumbura		
Kigali		Rwanda
Kinshasa		
Libreville		
Ndjamena		
Yaoundé		

3. Le fleuve Oubangui en RCA est un affluent de cet autre cours d'eau ...

	Oui	**Non**
La Casamance		
Le Congo		
Le Niger		
Le Nil		

4. Les deux langues officielles en RCA sont...

	Oui	**Non**
Le banda du Sud		
Le karré		
Le sango		
Le français		

5. Où se situe...

   (1) la ville de Nola (encerclez) ... par rapport à la capitale de la RCA?

   (2) la forêt équatoriale (encadrez)

   (3) le fleuve Oubangui (soulignez ___)

au Nord-Ouest	au Nord	au Nord-Est
au Sud-Ouest	au Sud	au Sud-Est

B. En groupes, faites des recherches sur les Pygmées Aka ou Baaka (langue, chants, musique, rites et traditions, problèmes associés à leur survie, etc...) de la RCA. Présentez vos recherches. (On peut consulter les sites indiqués dans les Ressources)

Pendant et après le visionnement

Répondez aux questions suivantes sur le film.

1. Pourquoi Gonaba est-il appelé Moudjou ou homme blanc par le batelier?
2. Pour quelle(s) raison(s) Gonaba est-il revenu au pays?
3. À quelle célébration Gonaba assiste-t-il dans le stade? Pourquoi préfère-t-il porter son ensemble beige plutôt que son «costume ministre» pour cette célébration?
4. Quel animal aperçoit-on à la sortie de voiture du préfet? Expliquez-en la signification.
5. Lors de la cérémonie dans le stade, pourquoi Gonaba se sent-il aussi responsable que ses compatriotes du bilan qu'il fait des quarante années d'indépendance de son pays?
6. Qu'apprenons-nous sur le tempérament de Simone, la propriétaire du bar Le Paris, à son arrivée chez le préfet?
7. Chez le préfet, pourquoi Gonaba décide-t-il de danser avec les Pygmées? Expliquez la réaction du préfet.
8. Comparez l'ambiance chez le préfet et au bar Le Paris.
9. Qu'apprend-on à travers la scène au sujet des CD du bar Le Paris?
10. Décrivez l'accueil de l'inspecteur Gonaba à son arrivée au village de Bilolo. Comparez avec la visite d'un inspecteur dans votre établissement. [18:15-19:36].
11. Sous l'arbre à palabre, que reproche le chef du village au directeur de l'école?
12. Décrivez la relation entre le chef Sobélé et le Pygmée Manga. Comment le chef justifie-t-il son comportement? Évoquez l'attitude des villageois.
13. Quelle accumulation de faits décide Gonaba à partir chez les Pygmées Babingas?
14. Quelle est la réaction de Simone? Pourquoi?

Départ dans la forêt [26:50]

15. Qu'est-ce que Manga rêve de devenir? Pourquoi? Que lui suggère plutôt Gonaba? Pourquoi?
16. Expliquez les circonstances de la rencontre entre Gonaba et les Pygmées Babingas.

Le Silence de la forêt

17. Quels surnoms les Pygmées donnent-ils à Gonaba à travers le film?
18. Que donne Kali à manger à Gonaba? Quelle est la réaction du convalescent?
19. De quoi sont étonnés les villageois quand Gonaba se lève pour la première fois?
20. Pourquoi les villageois dansent-ils le premier soir où Gonaba est debout?
21. Quels premiers mots de français Gonaba enseigne-t-il à Kali et à son frère Touka?
22. Pourquoi Gonaba veut-il enseigner le français à Kali et aux enfants du village?
23. Pourquoi la construction de Gonaba de sa propre hutte pose-t-elle problème aux hommes comme aux femmes?

Première chasse [58:26]

24. Décrivez la scène de demande en mariage de Gonaba à Kali?
25. Que se passe-t-il quand Gonaba chasse seul dans la forêt?
26. Que dessinent les enfants sur leur tablette au lieu des lettres de l'alphabet?
27. Pourquoi Kali ne donne-t-elle pas son avis sur le nom que Gonaba veut donner à leur fils?
28. Comment la curiosité d'Ekongo, qui espionne les jeunes parents dans la forêt, est-elle punie?
29. Pourquoi le petit-fils du patriarche demande-t-il à Gonaba de faire des offrandes aux ancêtres?
30. Que se passe-t-il au village pendant la chasse qui devait servir de rite d'initiation à Gonaba?
31. Après le décès de Kali, quelle est la signification de la scène autour du feu?
32. Selon le patriarche, pourquoi Gonaba ne peut-il emmener son fils à la ville avec lui?
33. Alors qu'Ekonga n'a jamais aimé Gonaba, pourquoi le libère-t-il dans la forêt?
34. Décrivez la dernière scène du film. Que pensez-vous de cette fin?
35. Comparez la première et la dernière scène du film.
36. Selon vous, quel est le message du film? Développez vos idées.

Faites les activités suivantes:

1. Terminez les phrases avec les références temporelles qui correspondent.

La cérémonie au stade a lieu...		quelques jours, une semaine ou deux
Gonaba a l'intention de rester chez les Pygmées...		quarante ans après l'indépendance du pays
		un an, deux ans, ou plus
Gonaba reste dans la forêt équatoriale...		un an après le retour au pays du héros

2. Numérotez ces références spatiales selon leur ordre d'apparition dans le film.

_____ le stade

_____ le village de Bilolo

_____ la maison de Gonaba

__1__ la rive d'un fleuve

_____ le bar Le Paris

_____ la ville de Nola

_____ la résidence du préfet

_____ le village des Pygmées

3. Dans le tableau notez les épisodes et détails qui renvoient aux thèmes indiqués, puis discutez avec vos camarades de classe de ce que vous avez noté.

	Corruption	Coutumes, croyances, traditions
En ville		
Dans le village		
Dans la forêt		

4. Écoutez et complétez l'extrait [5:24-6:54] reprenant les pensées de Gonaba lors de la cérémonie à laquelle il assiste en début de film.

   «Le ____________ , le ____________, c'est ça le pays quatre décennies après l'indépendance. Des ____________ chaudes sous le soleil qui brûle, ça fait ____________ même dans un pays de ____________ et de ____________ noire. Il y a d'ailleurs ce matin dans ce ____________ un véritable condensé de notre ____________. Une armée de ____________ dans laquelle tout caporal rêve d'être Président de la République: des policiers ____________ ; des anciens combattants oubliés par la ____________ et par nous mêmes ressuscités à l'occasion pour la parade; des jeunes ____________ à peine pubères, qui s'offrent à tous ceux qui ont les moyens de se payer une chair fraîche; des ____________ rangés dès le berceau et qui louent à la commande les bienfaits d'un ____________ défaillant, pendant que leurs ____________ sont en grève six mois par an parce que sans ____________, et bien sûr une foule de ____________ inconscients qui raffolent de ce genre de ____________ payante. Comme j'aurais voulu avoir ma conscience pour moi dans ce ____________. Des spectateurs ____________ de toute cette ____________, je suis autant responsable de la ____________ que tous les autres».

5. Faites la somme de ce que chacun apprend à l'autre.

Gonaba apprend...				
au patriarche	à Kali	à Touka	aux enfants	aux hommes

... apprend/apprennent à Gonaba	
Le patriarche	
Kali	
Touka	
Les enfants	
Les femmes	
Les hommes	

6. Notez les objets que Gonaba a mis dans son sac. Quels objets emporteriez-vous si partiez seul dans la forêt équatoriale? Pourquoi?

Objets	Gonaba a mis dans son sac...	Moi, j'emporterais avec moi...
Une chemise		
Un costume		
Un cravate		
Un pantalon		
Un t-shirt		
Des sous-vêtements		
Des chaussettes		
Un imperméable		
Un parapluie		
Un miroir		

Une brosse à dents		
Du dentifrice		
Un couteau suisse		
Un rasoir		
Des livres		
De la craie		
Un tableau		
Des crayons		

7. Traduisez en français la conversation suivante entre Gonaba et Manga [28:40-29:28] pendant leur marche vers le village pygmées, puis répondez aux questions.

   Gonaba: I want to tell you a secret.

   Manga: What secret?

   Gonaba: The father of our independence, Barthélémy Boganda, said that we are all equal. All of us. Me, you, chief Sobélé, we're all equal.

   Manga: Me too?

   Gonaba: You too. You are a citizen, so said Jean-Jacques Rousseau.

   Manga: What tribe is he from?

   Gonaba: Jean-Jacques Rousseau...A white man, who thought a lot...And what he said is true everywhere.

   Manga: They told me white men don't rule anymore.

   Gonaba: That's true. We should take what is good from them...

   (1) Qui était Barthélémy Boganda?

   (2) Qui était Jean-Jacques Rousseau?

   (3) Expliquez le malentendu entre Gonaba et Manga.

Essais ou exposés

1. Expliquez en quoi le séjour de Gonaba dans la forêt devient un véritable parcours initiatique.
2. Gonaba est perçu différemment par les personnages qu'il côtoie. Choisissez 3 personnages et expliquez ce qu'incarne Gonaba pour chacun d'eux: le batelier, Paul le domestique, le préfet, Simone, le chef Sobélé, le directeur d'école, Manga, Kali, Touka, Ekongo, le patriarche.
3. Plusieurs scènes prennent pour cadre la base d'un gros arbre dans la forêt équatoriale [56:54-58:07] [1:10:33-1:11:51] [1:23:06-1:24]. Analysez la scène de votre choix. Etudiants en cours de

cinéma, intéressez-vous aussi à la cinématographie.

4. Qu'avez-vous appris sur les coutumes et les rites des Pygmées Babingas (mariage, naissance, enterrement, initiations, distribution des tâches)?

5. Étudiez le son à travers le film (musique, chants, bruits, silence et fonction de la voix-off).

6. Expliquez la signification du titre *Le Silence de la forêt.* Est-ce un bon titre? Pourquoi?

Réflexion personnelle

Le Silence de la forêt peut être enseigné au niveau universitaire en cours de conversation, de culture ou de cinéma comme au niveau AP—thèmes «Families & communities» et «Global Challenges». Il offre un aperçu authentique de la vie dans un village pygmées de Centrafrique. Il permet d'aborder de nombreux thèmes parmi lesquels la liberté, le bonheur, le rapport à l'Autre, la tradition, la corruption, l'éducation, l'environnement.

Ressources

Sur le film

[www.newsreel.org/video/LE-SILENCE-DE-LA-FORET]
[www.africultures.com/php/index.php?nav=article&no=2909]
[http://woyingi.wordpress.com/2011/09/27/film-review-le-silence-de-la-foret-2003]
[www.clapnoir.org/spip.php?article137]
[www.africultures.com/php/index.php?nav=film&no=561&texte_recherche=le%20silence%20de%20la%20foret]
[www.africultures.com/php/index.php?nav=article&no=2908]
[www.africine.org/?menu=art&no=6057]
[www.afrik.com/article6105.html]
[www.objectif-cinema.com/interviews/310.php]

Sur le roman

[http://ethiopiques.refer.sn/spip.php?page=imprimer-article&id_article=1348]

Sur les Pygmées

[www.pygmies.org]
[www.gitpa.org/Peuple%20GITPA%20500/GITPA%20500-6_plusFILMO.htm]
[www.lamediatheque.be/dec/pays_regions_peuples_villes/africalia/afrique_centrale/le_chant_des_pygmees.php?reset=1]
[www.everyculture.com/wc/Brazil-to-Congo-Republic-of/Aka.html]
[http://unesdoc.unesco.org/images/0015/001591/159172F.pdf]

6
La petite Jérusalem

Michael Foster
William Jewell College (MO)

Metteur en scène: Karin Albou
Acteurs: Fanny Valette (Laura), Elsa Zylberstein (Mathilde), Bruno Todeschini (Ariel), Hédi Tillette de Clermont-Tonerre (Djamel), Sonia Tahar (La mère de Laura et de Mathilde), Michaël Cohen (Eric), Aurore Clément (La femme au mikvé), François Marthouret (Le prof de philosophie), Saïda Bekkouche (La tante de Djamel), Salah Teskouk (L'oncle de Djamel)
Date de sortie: 16 mai 2005 en France; 27 janvier 2006 aux États-Unis
Genre du film: Drame
Prix: Le film a gagné plusieurs prix en 2005: Prix Michel d'Ornano: Karin Albou (Festival du Cinéma Américain de Deauville); Prix SACD: Karin Albou (Semaine Internationale de la Critique). En 2006 il a gagné: Révélation féminine de l'année: Fanny Valette (Lumières de la presse étrangère); Étoile d'Or de la Révolution féminine: Fanny Valette (Étoiles d'Or de la Presse du Cinéma Français); Prix du Meilleur premier film français: Karin Albou (Prix du Syndicat Français de la Critique).

Vocabulaire

acompte (n.m.)	deposit
antisémite (adj.)	anti-Semitic
banlieue parisienne (n.f.)	Parisian suburb
charme (n.m.)	spell
chemin du philosophe (n.m.)	philosopher's way (daily walk for meditation)
cible (n.m.)	target
crime haineux (n.m.)	hate crime
département (n.m.)	French territorial administration
domaine de la pensée (n.m.)	realm of thought
gardien(ne) (n.m. / n.f.)	janitor
hallah (n.f.)	Challah (Jewish bread)
HaShem (Le nom)	The Name (Jewish name for God)
HLM (n.f.)	Public housing
kantien (adj.)	the philosophy of Emmanuel Kant
Kippa (n.f.)	Kippah (Jewish hat)
lancer	to cast off
mikvé (n.m.)	Mikvah (bath used for ritual immersion in Judaism)
mystique (n.f.)	religion/belief
philo (n.f.)	philosophy (abbrev.)
philosophe (n.m.)	philosopher
philosophie des Lumières (n.f.)	Enlightenment philosophy
plaque d'immatriculation (n.f.)	license plate
poésie soufie (n.f.)	Sufi poetry (from Islam)
Pourim	Purim (Jewish religious holiday)
pudeur (n.f.)	modesty
pudique (adj.)	modest
rabbin (n.m.)	rabbi
raccrocher au nez	to hang up on someone
Torah (n.f.)	Torah (Jewish holy book)
Roch Hachana	Rosh Hashanah (Jewish New Year)
rite (n.m.)	rite/ritual
Sabbat (n.m.)	Sabbath (Day of rest in Judaism)
sans-papiers (n.m. /f.)	undocumented worker
Seine-Saint-Denis (93)	Parisian suburb with large immigrant population
Sim'hat Torah	Simchat Torah (Jewish religious holiday)
synagogue (n.f.)	Jewish place of worship
Talit (n.m.)	Jewish prayer shawl
tireur à l'arc (n.m.)	archer
vestiaire (n.m.)	locker room / changing room

La petite Jérusalem

FICHE PÉDAGOGIQUE

Avant le visionnement

Synopsis du film

Le film *La petite Jérusalem* de Karin Albou décrit la vie d'une famille juive orthodoxe d'origine tunisienne qui habite maintenant en banlieue parisienne. Cette famille est composée d'une mère (veuve), de ses filles Laura et Mathilde, d'Ariel (le mari de Mathilde) et de leurs enfants. Le film met l'accent sur le rôle de la religion dans la vie familiale en s'intéressant tout particulièrement à Laura, étudiante en philosophie qui s'interroge sur sa vie et les attentes de sa famille. Laura, Mathilde, et Ariel cherchent tous à définir leur identité et leur place respective dans la société française contemporaine (être fidèle à la religion juive ou à la philosophie occidentale). La quête de l'identité est présentée de manière franche et honnête, ce qui rend le contenu du film un peu trop lourd pour les élèves de collège et de lycée. Ce film est recommandé plutôt pour des cours universitaires ou d'adultes.

Activités

1. Comme l'action du film se déroule chronologiquement selon quelques fêtes religieuses juives, il est avantageux de se familiariser avec les fêtes et savoir à quel moment de l'année elles sont célébrées. Cherchez sur Internet les fêtes suivantes et notez la signification de chacune et quand on les célèbre: Roch Hachana, Sim'hat Torah, et Pourim (Au cas où il y a des personnes juives dans la classe, il serait intéressant d'écouter des anecdotes personnelles qui décrivent ces fêtes pour les personnaliser).
2. Ce film récent montre les problèmes actuels qui touchent les familles juives en France. Recherchez quelques articles récents sur Internet qui parlent des problèmes auxquels les personnes juives doivent faire face en France. Quels sont ces problèmes? (Par exemple: des situations antisémites). Que font les personnes juives à cause de ces problèmes?

Visionnement de la bande annonce [www.youtube.com/watch?v=4OnSODZ8bS0]

1. D'abord regardez la bande annonce avec les yeux fermés et imaginez les images qui sont projetées quand vous entendez la musique et les personnages parler. Quels types d'images vous viennent en tête? (Positives? Négatives?) Pourquoi?
2. Maintenant regardez une deuxième fois la bande annonce avec les yeux ouverts mais avec le son coupé. Quelle est votre réaction aux images que vous voyez? (Positive? Négative?) Pourquoi?
3. Enfin regardez la bande annonce une troisième fois avec les yeux ouverts et avec le son. Quelle est votre réaction cette fois-ci? (Positive? Négative?) Pourquoi? Est-ce que le son et l'image ensemble vous donnent une opinion différente du film? (Oui? Non?) Pourquoi?

Pendant le visionnement

1. Pensez aux images religieuses (par exemple: les vêtements, la musique, les rites, etc.) que vous voyez dans le film. Comment est-ce que ces images développent l'importance de la religion dans le film?
2. Faites attention à la distance entre la ville de Paris et la banlieue dans laquelle la famille de Laura habite. Comment est-ce que les images vous montrent cette distance? (Piste: Pensez aux premières images du film pour vous aider.)
3. Comment est-ce que cette distance semble représenter la situation actuelle pour les immigrants en France? Quelles autres images du film soulignent les problèmes pour les immigrants en général? Dressez une liste de ces problèmes et comparez-la avec vos camarades de classe.

4. Dressez une liste des difficultés auxquelles la communauté juive est confrontée dans le film. Quelles sont les similarités et les différences entre les difficultés que vous avez trouvées sur Internet et les difficultés mentionnées dans le film?

5. Le développement de l'identité personnelle est important pour les personnages dans le film. Quels aspects de la société ou bien de la religion semblent influencer l'identité personnelle de chaque personnage dans le film? Faites une liste de tous les aspects de la culture et de la religion qui influencent l'identité personnelle de chaque personne dans le film. Comparez cette liste avec vos camarades de classe. Êtes-vous d'accord sur ce qui influence chaque personnage?

6. Le thème de la solitude dans la vie est mentionné plusieurs fois dans le film. Notez les moments où les personnages parlent d'être seul(e) et pensez aux raisons qui leur font croire qu'ils sont seuls. Comment est-ce que le fait de se considérer seul(e) dans la vie fait partie de l'identité personnelle?

Questions sur le film

1. Comment est-ce que la première confrontation entre les sœurs Laura et Mathilde au sujet de la religion crée ou montre une division entre la religion juive et la philosophie occidentale?

2. Pourquoi est-ce que Laura fait une promenade le soir? Pourquoi est-ce que la promenade est si importante pour elle?

3. Comment est la relation entre Mathilde et son mari Ariel? Comment le savez-vous?

4. À un moment du film on voit Laura en cours de philosophie et elle pose ces questions: «Qu'est-ce que la raison est capable de faire? Qu'est-ce que la raison est incapable de faire»? Pourquoi est-ce que ces questions sont importantes pour elle et son identité personnelle?

5. Quand Laura prend le train pour rentrer de l'université, on perçoit plusieurs exemples de la diversité. Quels exemples de cette diversité remarquez-vous? Qu'est-ce que cela vous dit sur la diversité dans les banlieues parisiennes?

6. Une deuxième conversation entre Laura et sa soeur Mathilde au sujet des croyances personnelles a lieu dans le film. Comment est-ce que cette deuxième conversation met l'accent sur leurs croyances personnelles?

7. Dans le vestiaire de l'école où ils travaillent, Laura commence à parler à Djamel au sujet de son ancienne vie en Algérie. Quels détails apprend-t-on au sujet de sa vie là-bas?

8. On a un autre exemple de Laura en cours de philosophie. Cette fois-ci le professeur parle aux étudiants de la philosophie kantienne. Qu'est-ce que vous apprenez au sujet de cette philosophie? Pouvez-vous voir son influence sur la vie de Laura? Oui? Non? Pourquoi?

9. Comment trouvez-vous le personnage d'Ariel quand sa femme Mathilde se rend compte qu'il l'a trompée avec une autre femme? Est-ce qu'il y a une sorte de tension entre ce qu'il dit aux autres et ce qu'il fait dans sa propre vie? Oui? Non? Pourquoi?

10. Comment est-ce que l'attaque (l'attentat) sur la synagogue montre les problèmes pour la communauté juive en France?

11. Quand la mère de Laura découvre que sa fille écrit une lettre à Djamel («l'homme de la mosquée»), elle dit à Laura qu'on ne donne ni photo ni échantillon d'écriture «à ces gens» (elle fait référence aux musulmans) car cela pourrait être dangereux. Qu'est-ce que cela vous dit par rapport aux rapports juifs-musulmans en ce moment?

12. Quels changements dans la vie (plus précisément dans le comportement personnel) de Laura est-ce que Mathilde reconnaît chez sa sœur une fois que Laura et Djamel commencent à se voir?

13. Quel est le rôle du mikvé pour les femmes juives dans le film? Pourquoi est-ce que le mikvé et la femme du mikvé sont si importants pour Mathilde?

14. Qu'est-ce qui arrive à Ariel quand il joue au football avec ses amis? Comment cela renforce-t-il les problèmes actuels pour les personnes juives en France?

15. Quel est le problème légal auquel Djamel doit faire face dans le film?

16. Qu'est-ce qu'on apprend au sujet de la vie sentimentale de la mère quand elle parle avec Mathilde?

17. Quels détails apprenez-vous au sujet des croyances personnelles de la famille de Djamel lors de la visite de Laura chez l'oncle de Djamel? Comment est-ce que l'oncle réagit quand il découvre que Laura ne parle pas arabe et qu'elle est juive?

18. Après la visite chez l'oncle de Djamel, comment est la relation entre Djamel et Laura? Donnez des exemples précis.

19. Quelle décision importante Ariel prend-il pour assurer le bonheur et la sécurité de sa famille? Comment est-ce que les membres de la famille réagissent par rapport à cette décision?

20. Qu'est-ce que les dernières images du film vous montrent par rapport à l'avenir de chaque personnage? Qu'est-ce que chaque membre de la famille va faire dans le futur?

Après le visionnement

1. Mettez-vous en groupes de 3-4. Chaque groupe fera le portrait d'un personnage principal du film (Laura, Mathilde, la mère, Ariel, Djamel, la femme du mikvé, l'oncle de Djamel) qui sera présenté à la classe. Incorporez autant de détails que possible. Qui semble être le personnage le plus développé? Le moins développé? Pourquoi?

2. Faites un sondage de la classe pour savoir quelles sont les influences les plus importantes dans le développement de l'identité personnelle (par exemple: la religion, la musique, les études, etc.). Est-ce qu'il y a des similarités entre ce qui influence l'identité personnelle des étudiants dans la classe et les influences chez les personnages du film?

Activités suggérées

1. Si c'est possible, interviewez quelqu'un qui vient d'une culture différente (par exemple: un pays différent, une communauté religieuse différente, etc.) et posez-lui des questions sur son identité personnelle et ce qui l'influence. Présentez ses réponses à la classe.

2. Mettez-vous en groupes de 3-4 et écrivez une suite possible du film. Dans cette suite, pensez à ce que chaque personnage fait dans sa vie selon la conclusion du film. Vous pouvez créer un dialogue entre les personnages pour montrer ce qu'ils font actuellement. Présentez votre suite à la classe et comparez les suites différentes. Chaque dialogue doit être entre 5-10 minutes (selon le niveau). Quelle suite semble être la plus probable? La moins probable? Pourquoi?

3. Recherchez encore quelques articles ou vidéos sur Internet qui parlent des problèmes des immigrants en France et/ou de certains groupes minoritaires en France (Il faut vérifier que la source soit crédible bien sûr!). Faites une présentation en PPT ou Prezi sur ces problèmes et ce que chaque groupe essaie de faire pour les résoudre. Est-ce qu'il y a des similarités et des différences entre les problèmes de ces groupes minoritaires en France et des groupes semblables aux États-Unis? Chaque présentation doit faire entre 5-10 minutes (selon le niveau).

Projets suggérés

1. Mettez-vous en groupes de 3-4 et faites votre propre bande annonce du film. Vous pouvez utiliser la caméra de votre portable pour la filmer. Choisissez quelques situations du film (par exemple: une conversation importante, une fête religieuse) qui vous semblent être importantes en ce qui concerne le développement du film et refaites-les selon vos goûts personnels. La vidéo devrait être entre 2-3 minutes et devrait être accompagnée d'une présentation courte qui explique le choix des scènes représentées dans la bande annonce et pourquoi elles ont été interprétées de telle manière.

2. Mettez-vous en groupes de 3-4 pour créer «un musée virtuel» ou «un catalogue virtuel» qui représente des aspects culturels importants pour une communauté religieuse ou un groupe minoritaire (soit dans le film, soit de votre choix). Dans ce musée ou ce catalogue, trouvez des images, des entretiens, des chansons, des histoires qui représentent plusieurs aspects importants de chaque culture (ou de chaque communauté). Utilisez un blog gratuit (comme WordPress ou Tumblr) pour le «musée» ou le «catalogue» et puis créez les catégories différentes (comme nourriture, musique, vêtements, croyances, etc.) qui montrent les aspects différents de chaque culture. Il faut citer chaque source que vous utilisez et n'utilisez pas d'images inappropriées (c'est-à-dire vulgaires ou stéréotypées). Écrivez une description courte pour chaque catégorie de votre musée ou de votre catalogue qui explique au public le contenu et pourquoi chaque élément dans la catégorie est important culturellement pour la communauté. Présentez votre musée ou votre catalogue à la classe.

3. Mettez-vous en groupe de 3-4 et imaginez que vous allez partir pour un nouveau pays comme va le faire la famille d'Ariel et de Mathilde dans le film. Imaginez toutes les décisions que vous allez prendre pour pouvoir partir et puis bien vous installer dans le nouveau pays:

    a. Où allez-vous vivre (dans un autre état ou un autre pays)?

    b. Qui vient avec vous?

    c. Comment allez-vous voyager?

    d. Comment trouverez-vous un logement?

    e. Quelle sorte de travail allez-vous faire?

    f. Devez-vous retourner à l'école pour obtenir un autre diplôme?

    g. Quels éléments dans la nouvelle culture (langue, religion, etc.) vont être difficiles pour vous et votre famille?

Pour vous aider à répondre à ces questions, trouvez des articles ou des vidéos qui parlent des immigrants (par exemple: les juifs français qui quittent la France pour l'Israël) et de ce qu'ils doivent faire pour s'installer dans le nouveau pays. Donnez des exemples précis pour ce que vous devez faire pour ce voyage vers un nouveau pays. Présentez votre «plan d'immigration» à la classe.

Essais

1. Imaginez que vous êtes Laura et vous restez en France pour finir vos études. Écrivez une lettre à votre famille en Israël pour leur parler de vos études, de votre vie sentimentale, et de vos choix professionnels pour après l'université. Qu'est-ce qui vous influence aujourd'hui? Est-ce qu'il y a des changements dans vos croyances personnelles?

2. Imaginez que vous êtes la famille de Laura (la mère, Mathilde, ou Ariel) qui est partie vivre en Israël. Décrivez votre nouvelle vie là-bas, les avantages et les inconvénients de cette nouvelle vie, et notez les différences entre les deux cultures (celle de la France et celle d'Israël).

3. Écrivez un essai intitulé «Le moi multiculturel» qui est comme un essai autobiographique et qui parle des aspects différents de votre vie. Vous pouvez décrire vos origines ethniques, votre religion (ou vos croyances), votre participation dans des organisations différentes, etc. Puis indiquez comment ces aspects créent votre identité personnelle et comment ces aspects influencent votre vie.

Approches

1. Je pense qu'il y a deux options pour présenter ce film aux étudiants. La première option est de le présenter pendant que la classe discute des actualités en France (comme avec les événements antisémites récents en France ou bien comme exemple de la vie pour les immigrants en banlieue parisienne). Ce film est un bon exemple de la vie actuelle pour les immigrants et certains groupes minoritaires en France. Cela dit, même un petit extrait du film (par exemple: l'attaque sur la synagogue et Ariel, la visite de Laura chez l'oncle de Djamel, etc.) pourrait générer une discussion sur l'actualité en France.

2. La deuxième option est plutôt thématique et s'agit de présenter le film comme une quête d'identité personnelle. Ce thème est très important chez les jeunes, et les activités ici suggérées telles que le portrait de chaque personnage dans le film et l'essai «Le moi multiculturel» aideront cette approche.

Interrogations

A. Les interrogations écrites:

1. Faites un portrait bien détaillé de chaque personnage principal dans le film qui explique les idées de chaque personnage et qui justifie les actions de chaque personnage (5 points par portrait).

2. Expliquez la diversité telle qu'elle est présentée dans le film. Pensez aux personnages et aux événements. Donnez des exemples précis qui justifient votre opinion (5 points par exemple).

3. Quel est le rôle de la religion et de la philosophie dans le film? Comment est-ce que chacune influence les personnages? Donnez des exemples précis pour justifier votre opinion (5 points par exemple).

B. Les interrogations orales:

1. Imaginez que vous êtes un des personnages du film. Choisissez l'un d'entre eux et puis décrivez votre identité personnelle en parlant des événements pertinents qui touchent votre personnage dans le film. Utilisez au moins trois exemples spécifiques et parlez pendant 2-3 minutes pour décrire l'identité personnelle de votre personnage et ce qui l'influence (5 points pour chaque exemple qui est bien décrit).

Réflexion personnelle

J'ai choisi le film *La petite Jérusalem* parce que ce film est pour moi un chef d'oeuvre pour ce qui concerne la quête de l'identité personnelle. Tout comme Laura qui trouve son propre chemin dans la vie, même si cela veut dire aller contre les croyances religieuses de sa propre famille, je suis toujours à la recherche de ma propre identité personnelle en tant que jeune homme homosexuel qui vient d'une famille catholique et traditionnelle. De plus, le thème de l'identité est présenté franchement et honnêtement, et cela permet au spectateur de réfléchir à sa propre identité.

Ressources

La petite Jérusalem sur Allocine: [www.allocine.fr/film/fichefilm_gen_cfilm=60198.html]

La petite Jérusalem sur IMDB: [www.imdb.com/title/tt0428965/?ref_=fn_al_tt_1]

La petite Jérusalem sur Wikipedia: [http://en.wikipedia.org/wiki/Little_Jerusalem_%28film%29]

Bande d'annonce du film: [www.youtube.com/watch?v=4OnSODZ8bS0]

Glossaire du judaïsme: [http://fr.wikipedia.org/wiki/Glossaire_du_juda%C3%AFsme]

Lexique juif: [www.modia.org/infos/etudes/lexique.html]

Tableau de vocabulaire juif: [www.sion.org/index.php/relations-j-c/vocabulaire]

Les Notes

1. Comme j'ai mentionné dans le synopsis du film, le contenu de ce film s'adresse plutôt à des étudiants ou à des adultes. Si le professeur veut montrer ce film à des élèves, il/elle devrait avertir les parents et puis sélectionner certaines scènes du film à projeter en cours.

7
Bon cop bad cop

Jody Ballah
University of Cincinnati Blue Ash (OH)

Metteur en scène: Érik Canuel
Acteurs: Patrick Huard (David Bouchard, policier québécois), Colm Feore (Martin Ward, policier ontarien)
Date de sortie: 4 août 2006
Genre: comédie policière: «film de copains policiers»

Vocabulaire

à cheval sur	straddling	frontière (n.f.)	border
à matin (au matin)	in the morning	game (n.f.) (match n.m.)	game
bienvenue (n.f.)	welcome, you're wel come	gardien de but (n.m.)	goalie
		gros mot (n.m.)*	swear word
blonde (n.f.)	girlfriend	han! (excl.)	oof!
chantage (n.m.)	blackmail	hein? (excl.)	eh?
chiant (adj.)	damn annoying	hélico (n.m.)	chopper
chum (n.m.) (petit ami n.m.)	boyfriend	LNH (n.f.)	NHL
ciboire! (excl.) (doux Jésus!)	sweet Jesus!	mandat (n.m.)	warrant
circoncis (adj.)	circumcised	médecin légiste (n.m.)	coroner
cocotte (n.f.)	sweetie	meurtre (n.m.)	murder
débarré (adj.)	unlocked	meurtrier (n.m.)	murderer
décrisser (ficher le camp)	to leave, take off	mise en jeu (n.f.)	face off
détacher	to untie	mort (n.m./adj.)	body/dead
équipe de hockey (n.f.)	hockey team	niaiser (faire l'idiot)	to play the fool
es-tu correct? (ça va?)	are you okay?	nombril	bellybutton, navel
faire percer quelque chose	to have something pierced	pain doré (n.m.) (pain perdu)	French toast
		pancarte (n.f.)	road sign
film de copains (n.m.)	buddy-movie	tatouage (n.m.)	tattoo
flairer la piste	to get on the trail	tueur en série (n.m.)	serial killer
flic (n.m.)	cop	valise d'un char (n.f.) (coffre)	trunk of a car

FICHE PÉDAGOGIQUE

*Les gros mots (les sacres au Québec) jouent un rôle comique. On ne peut pas pleinement apprécier l'humour de plusieurs scènes sans y être sensibilisé. Pour la plupart, ils sont tirés des termes ayant trait à la religion catholique et en particulier à la cérémonie de la communion. Souvent, le même mot peut être employé comme nom, verbe et adjectif. Pour ceux qui ne connaissent pas le français parlé au Canada, ces mots n'auront pas de sens.

«Câlice»! (Putain!) provient de calice, coupe de vin chalice	F-word
«Je m'en câlice»! (Je m'en fous!)	I don't give a …..
«Câlice de char»! (Putain de voiture!)	F… ing car!
«Hostie»! (Bigre!) provient du pain eucharistique	Damn!
«Hostie qu'y fait chaud»! (Bigre, qu'il fait chaud!)	Damn it's hot!
«Tabarnak»! (Merde!) provient de tabarnacle	F-word or s-word

«Hostie de tabarnak»! (Merde alors!) plus le sacre a de syllabes, plus le degré du sacre est important.

Expressions ayant une signification historique employées pour un effet comique:

«Je me souviens», devise de la province du Québec qui a été inscrite sur les plaques d'immatriculation à la fin des années 1970. La devise rappelle aux Québécois l'ancienneté de la société québécoise et son statut de nation fondatrice du Canada.

«Les Plaines d'Abraham». Le 13 septembre 1759, l'armée britannique a battu l'armée française devant Québec sur les Plaines d'Abraham. Cette défaite marque le début de la conquête britannique et la fin du régime français en Nouvelle France.

«Vive le Québec libre»! Ému par l'accueil enthousiaste de la part de la population du Québec lors de sa visite en juillet 1967, le général Gaulle, président de la France, a fini son allocution improvisée adressée à la foule amassée devant l'Hôtel de ville à Montréal en criant: «Vive le Québec libre»!

Avant le visionnement

A. Poser les questions suivantes aux apprenants.

1. Entre doublage et sous-titrage, quel système préférez-vous? Pourquoi?
2. Un sous-titre ne représente que 60% du texte original, car l'œil ne peut pas lire plus de 60% de ce que l'oreille entend. En plus, on a dit que les sous-titres tuent l'image. En regardant les films sous-titrés trouvez-vous facile de lire les sous-titres ou avez-vous le sentiment de rater une partie du film?
3. Le célèbre réalisateur, Alfred Hitchcock disait: «Quand un film circule dans le monde, il perd 15% de sa force s'il est sous-titré et seulement 10% s'il est bien doublé». Est-ce que le doublage permet vraiment d'être plus attentif au film?

Le DVD de *Bon cop bad cop* offre trois possibilités: la version originale où les francophones parlent français et les anglophones parlent anglais, une version sous-titrée en anglais et une version sous-titrée en français. En dépit de ce que disait Hitchcock, étant donné la difficulté qu'on a souvent à comprendre l'accent québécois si l'on n'y est pas habitué, il est préférable de cliquer sur la version sous-titrée en français avant de passer le film. C'est une approche qui sort un peu de l'ordinaire mais qui permet aux apprenants de compatir avec Ward qui parle le français standard qu'il a appris à l'université. Une fois que les apprenants auront étudié le film avec les sous-titres en français, on pourra repasser le film sans les sous-titres.

B. Si l'on dispose d'une carte de l'Amérique du Nord, il serait bon de montrer aux apprenants où se trouvent les provinces de l'Ontario et du Québec et les villes de Toronto, de Montréal et de Québec (capitale de la province). Bien que le Canada soit un pays bilingue, la seule province qui est officiellement bilingue est le Nouveau Brunswick. On parle anglais dans l'Ontario et français au Québec.

Expliquer aux apprenants que ce film bilingue est une bonne représentation de l'est du Canada aujourd'hui et un bon exemple pour comprendre la rivalité qui existe entre le Québec et l'Ontario étant donné que l'action se passe dans les deux provinces et que la langue change selon le déroulement de l'histoire. Les deux policiers s'expriment dans leur langue maternelle et se moquent au passage de l'autre groupe linguistique. Le lien entre les deux groupes est le hockey, ce qui devient évident lors de l'enquête des deux policiers quand ils flairent la piste du tueur en série qui s'avère être un fanatique de hockey qui se cache derrière un masque de gardien de but. Ce dernier s'en prend aux bureaucrates qui sont en train de vendre les équipes du sport national du Canada aux intérêts américains. Le film fait référence à des personnages bien connus dans le monde de hockey que tous les amateurs fanatiques de la L.N.H. vont facilement reconnaître:

Michel Grossbut—Marcel Aubut, propriétaire des Nordiques de Québec lors de la vente de l'équipe à des intérêts américains pour devenir l'Avalanche du Colorado en 1995. Aubut aurait rapporté une somme personnelle de 15 millions de dollars de la vente.

M. Pickelton— Peter Pocklington, propriétaire des Oilers d'Edmonton, qui a vendu la vedette Wayne Gretzky aux Kings de Los Angeles.

M. Buttman—Gary Bettman, avocat américain, commissaire de la LNH, peu aimé au Québec pour avoir permis la vente des Nordiques.

Tom Berry (commentateur à la télé)—Don Cherry, commentateur controversé à l'émission *Hockey Night in Canada*, détesté par les Québécois à cause de ses commentaires peu flatteurs et des fois un peu racistes à l'égard des joueurs québécois et européens.

Le Plus Grand—Wayne Gretzky (*The Great One*), meilleur joueur de la LNH

Le no. 88—Eric Lindros (*The Next One*). Poussé par son agent (son père) le premier choix des Nordiques dans le repêchage d'entrée à la LNH a refusé de jouer pour les Nordiques qui ont fini par l'envoyer aux Flyers de Philadelphie en échange de quatre joueurs.

Les amateurs de la LNH vont aussi reconnaître les deux équipes qui disputent le match à la télé lors du meurtre au début du film, «Les Loyalistes» étant «Les Maple Leafs» de Toronto et «Les Patriotes» étant «Les Canadiens» de Montréal. Les noms choisis pour ces équipes fictives soulignent la rivalité qui existe entre Toronto et Montréal (et qui va exister entre Ward, né à Toronto, et Bouchard originaire de Montréal). «Les Loyalistes» est le nom donné aux colons américains qui sont restés fidèles à la Grande Bretagne lors de la Révolution américaine après quoi 10.000 sont partis pour l'Ontario. «Les Patriotes» est le nom donné aux rebelles au Québec lors de la Rébellion en 1837-1838. L'équipe «Les Fleurs de Lys» qui a été vendue à des hommes d'affaires américains, est, évidemment, «Les Nordiques» de Québec dont le chandail était bordé de fleurs de lys rappelant celles qui se trouvent sur le drapeau du Québec.

C. Notre film, *Bon cop bad cop*, fait partie du genre de film qu'on a bâptisé *buddy-cop movie*, film de flics où tout s'oppose: caractère, origine sociale et ethnie, réunis par une même mission pendant laquelle leur amitié est mise à l'épreuve et renforcée par des aventures improbables et souvent loufoques.

C'est aux apprenants de jouer au détective maintenant en faisant correspondre les titres des «films de copains» ci-dessous au synopsis qui leur convient. Demander aux apprenants de dire de quels indices ils se sont servis pour trouver le titre et dans quelle mesure le film semble convenir à la définition d'un «film de copains». L'activité peut être faite en groupes de deux.

Titres:

a) Une journée en enfer

b) L'Arme fatale

c) 48 heures

d) Rush hour 3

Synopsis

1. Jack Cates, policier à San Francisco doit blanchir rapidement son nom d'un homicide involontaire dont il est accusé à la suite d'une opération qui a mal tourné. Pour ce faire, il a besoin de l'aide de Reggie Hammond nouvellement libéré de prison. Pendant ce temps, un caïd mystérieux connu sous le nom de l'ange bleu embauche une bande de motards sauvages dans le but de tuer Reggie.

Titre: ______________________________

Indices: ______________________________

2. Pour une énième faute, l'agent Carter est contraint de faire la circulation. Son ami, l'inspecteur Lee est chargé de la protection de l'ambassadeur Han, lequel est déterminé à mettre les Triades chinoises hors d'état de nuire. Sur le point de révéler l'identité du mystérieux Shy Shen, il est tué. L'inspecteur Lee et le détective Carter vont unir leurs forces pour trouver les auteurs de l'attentat.

Titre: ______________________________

Indices: ______________________________

3. Deux policiers de Los Angeles aux caractères opposés, Roger Murtaugh, de la brigade criminelle, âgé de 50 ans et Martin Riggs, jeune flic de la brigade des stupéfiants, se retrouvent coéquipiers sur une même affaire. Les deux hommes finissent par s'apprécier et doivent bientôt faire montre de toutes leurs qualités lorsque la fille de Murtaugh est kidnappée par d'anciens agents des forces spéciales devenus trafiquants de drogue.

Titre: ______________________________

Indices: ______________________________

4. À New York, un magasin est soufflé par l'explosion d'une bombe. L'attentat est revendiqué par un terroriste inconnu se faisant appeler Simon. Celui-ci exige que le lieutenant John McClane se livre à un périlleux jeu de «Jacques a dit» *(Simon says)* à travers toute la ville à défaut de quoi d'autres bombes exploseront. McClane fait équipe avec Zeus Carter, commerçant du quartier d'Harlem et se met à résoudre les énigmes de Simon.

Titre: ______________________________

Indices: ______________________________

D. Exploiter la jaquette du DVD.

La juxtaposition (l'acte de mettre côte à côte) joue un rôle important dans *Bon cop bad cop*. L'homme des cavernes a été le premier à l'employer il y a 32,000 ans pour donner l'illusion du mouvement des animaux dessinés sur les parois des grottes de Lascaux et de Baume Latrone en France (premiers dessins animés). La jaquette en a deux exemples. Lesquels? Demander aux apprenants d'examiner attentivement les détails de la jaquette et de dire ce qu'ils nous révèlent à l'égard du film. Lequel est le bon cop? Pourquoi?

Pendant le visionnement /Questions sur le film

Avis: avant de passer le film, cliquez sur «options», puis sur «sous-titres en français». En plus de répondre aux questions ci-dessous, les apprenants auront l'occasion de vérifier la traduction des dialogues qui se passent en anglais. Par exemple, dans la deuxième scène, on a traduit «uh-huh» par «han han» au lieu de «oui, oui» et «desk jockey» par «travail du jour» au lieu de «travail de bureau».

Les Scènes du film

En plus de la juxtaposition, il y a plusieurs occasions où une scène en rappelle une scène précédente. Ces scènes seront marquées par un astérisque et en plus de répondre aux questions, les apprenants commenteront le rappel et/ou la juxtaposition.

1. *Juste avant la première scène, on entend une conversation au téléphone pendant un talk-show. De quoi parle-t-on? Résumez ce qui se passe pendant la première scène.

   Qu'est-ce que l'homme au masque de gardien de but reproche à son captif? Qu'est-ce qui est juxtaposé ici?
2. *Chez Martin Ward à Toronto. Qu'est-ce qu'on apprend sur Ward?
3. Chez David Bouchard à Montréal (scène juxtaposée). Qu'est-ce qu'on apprend sur Bouchard? Comment apprend-on où il habite? Quelles sont les ressemblances et différences entre les deux détectives?
4. Sur les lieux d'un crime à la frontière entre le Québec et l'Ontario. Décrivez la scène. Ni Bouchard ni Ward ne veut prendre l'affaire en main. Quels sont leurs arguments?
5. Au bureau du capitaine Lebœuf à Montréal. Pour quelles raisons veut-on que Bouchard et Ward fassent équipe pour résoudre le crime? Pour quelles raisons ne veulent-ils pas faire équipe? Comment fait-on pour les persuader de le faire?
6. Dans un parking à Montréal. Qu'est-ce qui arrive à M. Grossbut iuste après qu'il apprend la mort de M. Brisset?
7. Chez le médecin légiste. Qu'est-ce qu'on apprend sur la victime? D'après le médecin légiste comment est-il arrivé sur la pancarte? Qu'est-ce qu'il y a sur le bras du mort?
8. En route vers le petit aéroport de St. Hubert. Pourquoi y vont-ils? Quelles règles ont-ils établies en route?
9. Au bureau d'Hélicoptères Libellules Express. Qu'est-ce que l'employée leur apprend?
10. Dans la voiture. Qu'est-ce qu'ils apprennent sur Luc Therrien?
11. *Au bar du coin. Résumez ce qui se passe en expliquant les juxtapositions.
12. *À la sortie du bar. Qu'est-ce que Bouchard veut faire de Therrien? Qu'en pense Ward? Pourquoi change-t-il d'avis? Quelle leçon Bouchard apprend-il à Ward? De quoi Bouchard se souvient-il tout d'un coup?
13. Devant la salle de spectacles. Où Bouchard veut-il stationner? Qu'en pense Ward?
14. Dans la salle de spectacles. Bouchard vous étonne-t-il ici? Comment? Qu'est-ce qui se passe avant qu'ils quittent la salle?
15. Devant la salle de spectacles. Quelle surprise les attend? Que décident-ils de faire?

16. Chez Bouchard. Qu'est-ce qu'on apprend à l'égard de Ward pendant le dîner?
17. Devant la maison de Therrien. Qu'est-ce qu'ils attendent?
18. Dans la maison de Therrien. Comment Bouchard va-t-il expliquer le fait qu'ils y sont entrés sans mandat? Qu'est-ce qui se passe dans la maison? Pourquoi se sentent-ils bizarres en sortant de la maison?
19. *Au bureau du capitaine Lebœuf. Quelles sont les plaintes contre Bouchard et Ward? Conséquences?
20. Au bâtiment de la Sûreté du Québec. Comment est le rapport entre Bouchard et Ward lors du départ de ce dernier?
21. À Toronto. Qui est la troisième victime? Quel tatouage a-t-elle? Pourquoi?
22. Bouchard et Ward marchent ensemble. Comment expliquent-ils les tatouages? Que signifient «L.A.», les deux lettres qui manquent au tatouage?
23. Au Centre Loyaliste de Toronto. Dans le studio de Tom Berry. Qu'est-ce qui ne va pas? Comment se fait-il que les deux détectives finissent par faire partie de l'émission? Qui téléphone et que leur dit-il? La scène se termine en bagarre. Pourquoi?
24. Coup de téléphone dans le tunnel du Centre Loyaliste. Qu'est-ce qu'on apprend?
25. Le parking sous le Centre Loyaliste. Qu'est-ce qui se passe?
26. Poursuite sous les gradins. Comment le tueur réussit-il à s'échapper?
27. *Au bâtiment de l'Ontario Provincial Police. Qu'est-ce que Ward invite Bouchard à faire?
28. *Chez Ward. Qu'est-ce que Bouchard raconte pendant le diner? Pourquoi aurait-il mis les menottes à un home mort? Croyez-vous son histoire? Pourquoi? Que pense la tante Iris de Bouchard?
29. *Après le diner. Qu'est-ce qui se passe chez Ward et chez Iris?
30. Ward et son fils courent chez Iris. Pourquoi? Quelle surprise les y attend? Qu'est-ce que Ward apprend à Bouchard?
31. Chez le médecin légiste. Qu'est-ce que Jeff apprend à Bouchard? Quelle conclusion les deux détectives en tirent-ils?
32. Chez Suzie. Pourquoi Bouchard lui téléphone-t-il? Qu'est-ce qui est arrivé à Gabrielle?
33. Chez le tueur. Pourquoi a-t-il enlevé Gabrielle?
34. Chez Suzie. Que demande-t-elle à Bouchard?
35. Au bureau de M. Buttman. Qu'est-ce qu'il est en train d'arranger? Que lui arrive-t-il?
36. À l'aréna des Patriotes.
37. *Au parking. Que fait-on de M. Buttman?
38. Conférence de presse. Les reporters attendant l'annonce de M. Buttman. Que leur annonce Ward?
39. *Au sous-sol de l'aréna. Que fait-on de Therrien déguisé en Mascotte des Patriotes? Quel message Bouchard reçoit-il?
40. Au quai des convoyeurs. Où faut-il que les détectives se rendent?

41. Dans la cale du bateau. Qu'est-ce qui se passe? Comment se fait-il que Ward sache désamorcer la bombe?

42. *Sur le quai. Résumez la fin du film.

Une fois qu'on aura fini les questions, il serait peut-être bon de repasser le film sans sous-titres.

Activités

1. Après les cinq premières minutes du film, quelle a été votre impression de Ward et Bouchard? Lequel préférez-vous? Pourquoi?

2. Dites quelles scènes vous avez trouvées:

    a. les plus amusantes

    b. les plus choquantes/surprenantes

    c. les plus émouvantes

3. Dites qui a prononcé les paroles suivantes et dans quelles circonstances

    a. «Chaque beau dix minutes il a y la job, les filles, les chums, le hockey, la job, le téléphone...».

    b. «D'après moi, c'est 80 mètres».

    c. «Qu'est-ce que c'est que cette odeur»?

    d. «La game commence».

    e. «C'est un grand riche avec des jambes de grenouille».

    f. «Ô c'mon, c'est ma journée off»!

    g. «Salut mon beau noir. Qu'est-ce que je peux te servir»?

    h. «Ce n'est pas si plate que ça Toronto».

    i. "Let's just say I'm going to leave him on ice."

    j. «Tu as été adoptée»?

4. Le chantage a été employé en quelque sorte quatre ou cinq fois dans le film. Dites par qui et comment.

Bon cop bad cop

5. Bon cop bad cop meilleur cop?

Cet exercice peut être fait en groupes de deux ou trois apprenants.

Ci-dessous vous trouverez les qualités et aptitudes nécessaires pour devenir policier au Québec. Classifiez Bouchard et Ward sur une échelle de un à cinq, et là où c'est possible mettez à côté le numéro d'une scène qui appuie votre évaluation.

Clé: 1 faible 2 moyen 3 bon 4 très bon 5 excellent

Qualités et Aptitude	Bouchard	Scène	Ward	Scène
Équilibre émotif et empathie	____	____	____	____
Civisme, honnêteté et leadership	____	____	____	____
Discipline, respect et discrétion	____	____	____	____
Sens des responsabilités	____	____	____	____
Jugement sûr et rapide pour intervenir sans faire d'erreur	____	____	____	____
Autonomie, initiative et débrouillardise	____	____	____	____
Facilité à communiquer et à écouter	____	____	____	____
Grande facilité à travailler en équipe	____	____	____	____
Capacité à travailler sans stress	____	____	____	____
Excellente maîtrise de langue française parlée et écrite	____	____	____	____
Bonne connaissance en langue anglaise parlée et écrite	____	____	____	____

Pour savoir qui a la meilleure aptitude, prenez le total des points pour Bouchard, divisez par 55 et multipliez par 100 puis faites de même pour Ward. Et le meilleur candidat est ??? Est-ce que le résultat vous étonne? Expliquez. Si vous étiez policier, lequel des deux voudriez-vous avoir comme partenaire? Pourquoi?

6. Laquelle des critiques ci-dessous vous semble le mieux convenir à Bon cop bad cop? Pourquoi?

   a. 4 étoiles Complètement fou! Drôle et bourré de gags du début à la fin. Le jeu entre le français québécois et l'anglais est habilement maîtrisé. Le juste milieu entre une comédie et un thriller.

   b. 3 étoiles Deux flics d'origines différentes font équipe et réussissent à résoudre un crime dans un film plein d'humour tout au long. Pourtant, le rythme instauré au début s'essouffle un peu à la fin. Le casting est parfait.

   c. 2 étoiles On dirait que le scénario est basé uniquement autour des deux policiers et on oublie l'enquête policière. Le gros point négatif: la fin qui donne l'impression d'être bâclée.

   d. 1 étoile et demie Un film sympa mais loin d'être excellent. À l'exception de quelques scènes ça et là, on s'ennuie assez vite. L'histoire est décousue voire inexistante.

En admettant qu'il y ait un peu de vrai dans chaque critique ci-dessus, profitez-en pour écrire votre propre critique de Bon cop bad cop, en y accordant le nombre d'étoiles qu'il mérite.

Compositions

1. À la sortie du cinéma, deux ami(e)s discutent de Bon cop bad cop. Écrivez un court dialogue dans lequel ils/elles parleront de ce qu'ils/elles ont aimé et de ce qu'ils/elles n'ont pas aimé à l'égard du film (personnages, humour, intrigue, déroulement, fin).
2. Vous écrivez un mail à un(e) ami(e) dans lequel vous direz que vous venez de voir Bon cop bad cop. Vous en ferez un bref résumé en donnant votre opinion du film. Vous finirez par dire si vous recommandez le film ou pas.
3. Imaginez un synopsis pour un Bon cop bad cop II.

Essai

À propos des films de copains policiers on a dit que ce genre filmique est articulé autour d'un duo de héros composé de deux personnalités très différentes obligés de faire équipe bien malgré eux. Leur collaboration, d'abord difficile, se nouera peu à peu en solide amitié au fur et à mesure qu'ils parviennent à surmonter des antagonismes face à un adversaire commun. Les aptitudes très différentes des deux flics leur permettent de résoudre le crime et de faire à la fin un duo parfaitement complémentaire. En cours de route, le contraste entre les deux personnages sert de ressort comique du film. À l'aide d'exemples tirés du film, dites dans quelle mesure cette évaluation s'applique à *Bon cop bad cop*.

Réflexion personnelle

Puisque je suis canadienne, ce film me touche à plusieurs niveaux. D'abord, le carrefour des langues et cultures canadiennes, et la tension entre l'anglais et le français dans les provinces de l'Ontario et du Québec montrent un aperçu unique dans un pays bilinque. De même, le français au Canada offre à l'étudiant la possibilité d'apprendre des expressions, de la syntaxe et des accents différents de ceux qu'il entend dans le cours de français aux États-Unis. En plus, le genre *buddy film* évoque un style cinématographique qui se prête facilement et à la discussion en classe et au travail individuel. C'est un contexte riche pour l'analyse et la comparaison.

Ressources

[www.french.oc.nz/film-study]

[www.allociné.fr/film]

[www.écrannoir.fr]

[www.cinéreporter.fr]

Notes

Réponses pour la question sur les synopsis: 1. c, 2. d, 3. b, 4. a

Réponses pour la question 3 des activités:
Suzie expliquant à Bouchard pourquoi leur mariage n'a pas marché
Le médecin légiste expliquant de quelle hauteur le mort est tombé sur la pancarte
Ward en sortant de la maison de Therrien en flammes
Le tueur après avoir tué Brisset au début du film
Ward expliquant à Gabrielle ce que c'est qu'un «semi-prince»
Bouchard répondant au coup de téléphone de son chef
Rita la barmaid à Ward au bar du coin
Observation faite par Bouchard après avoir fait la connaissance de la sœur de Ward
Le tueur au téléphone à propos de ce qu'il va faire de Pickelton
Bouchard à Iris quand il l'a rencontrée pour la première fois

8
OSS 117: Le Caire, nid d'espions

Tamara Bentley Caudill
Tulane University (LA)

Metteur en scène: Michel Hazanavicius

Acteurs : Jean Dujardin, Bérénice Bejo, Aure Atika, Philippe Lefebvre, Richard Sammel, Constantin Alexandrov, François Damiens, Laurent Bateau, Claude Brosset, Abdallah Moudy

Date de sortie: 19 avril 2006

Genre: comédie, parodie d'un film d'espionnage

Prix: César 2007 Meilleurs décors, récompensé (Nommé: Meilleur acteur, Meilleure adaptation, meilleure photographie, meilleurs costumes); Tokyo International Film Festival 2007; Tokyo Grand Prix, Etoiles d'Or 2007 Premier rôle masculin; Seattle International Film Festival 2006, Best Film; Raimu 2006, Mise en scène

Vocabulaire

blanquette (n.f.)	a veal stew
cabine téléphonique (n.f.)	phone booth
cabriolet (n.m.)	convertible car
cairote	from Cairo
choukrane (arabe)	thank you
se crêper le chignon (fam.)	to cat-fight
franchouillard (péjoratif)	typically French, France-centric
djellaba	«jellaba», a type of loose fitting robe worn in Northern Africa
Guerre froide (n.f.)	Cold War
hammam (n.m., arabe)	Turkish bath
homme de main (n.m.)	henchman
Inch'Allah (arabe)	God willing
indice (n.m.)	clue
jetée (n.f.)	pier
jokari (n.m.)	a game similar to racketball, played with a ball attached to an elastic string
mosquée (n.f.)	mosque
muezzin (n.m.)	caller to prayer
narguilé (n.m.)	hookah
nuit américaine (n.f.)	special effect using a blue filter to simulate night when filming in daylight
piste (n.f.)	lead, trail as in an investigation
pistolet (n.m.)	handgun
pochette d'allumettes (n.f.)	matchbook
poignard (n.m.)	dagger
politiquement correct (n.m.)	political correctness
porte-bonheur (n.m.)	lucky charm
poulailler (n.m.)	chicken coop
poussière (n.f.)	dust
raïs (arabe)	leader
retenir sa respiration	to hold one's breath
rififi (n.m., familier)	fist-fighting
SDECE (Service de documentation extérieure et de contre-espionnage)	French external intelligence agency
serviette (n.f.)	briefcase
société (n.f.)	company, firm
sidi (n.m., arabe)	Arabic title of respect, "mister"
smoking (n.m.)	tuxedo
tombeau (n.m.)	tomb
Union Soviétique (n.f., URSS)	Soviet Union (USSR)

OSS 117: Le Caire, nid d'espions

FICHE PÉDAGOGIQUE

Avant le visionnement

1 Description de l'affiche du film. Montrez l'affiche française à la classe afin qu'ils imaginent le contenu du film. Quelques questions possibles: Quel genre de film est-ce? Comment le savez-vous? Décrivez les trois personnages principaux. Connaissez-vous cet acteur (Jean Dujardin)? Qu'est-ce que le titre suggère? Y a-t-il d'autres indices sur l'affiche qui vous indiquent quelque chose à propos de l'intrigue?

2. L'espion parfait. En montrant les affiches d'autres films d'espionnage, explorez les exemples cinématographiques d'un espion sérieux, e.g., James Bond, Ethan Hunt, Jason Bourne, Jack Ryan, Mr. and Mrs. Smith, etc. Quelles sont les qualités essentielles d'un espion? D'un film d'espionnage? Qui aime les films d'espionnage? Pourquoi ou pourquoi pas? Ensuite, passez aux parodies, telles qu'Austin Powers et/ou Maxwell Smart. Dans une parodie du genre, de quoi se moque-t-on le plus souvent? Où l'humour se trouve-t-il? En quoi consiste l'humour? Quels sont les éléments les plus humoristiques?

3. Visionnement de la bande annonce. Dites aux étudiants qu'ils verront la bande annonce deux fois. Lors du premier visionnement, ils devront observer le personnage d'OSS 117. Après le visionnement, faites-leur décrire OSS 117: son apparence et sa personnalité. À quel(s) espion(s) ressemble-t-il? Pour le deuxième visionnage, ils feront attention au décor, à la musique et à la cinématographie. Que remarquez-vous? Quel en est l'effet? Avez-vous envie de voir ce film? Pourquoi ou pourquoi pas?

Pendant le visionnement

Le Début du film

Pour anticiper les thèmes du film, analysez les premières cinq minutes.

1. L'ouverture (00:00-00:18)—Mandarin Cinéma est une société française fondée en 1995. Demandez aux étudiants de décrire l'homme qui sonne le gong. Est-il réaliste ou stéréotypé? Pensez aux films des années 50 et 60 et discutez la représentation des minorités au cinéma pendant cette époque, e.g., Mickey Rooney dans *Breakfast at Tiffany's* (1961).

2. Berlin, 1945 (00:19-3:15)—Demandez aux étudiants d'expliquer la mission d'OSS 117 à Berlin, c'est-à-dire voler les plans du V2. (Le V2 est une vraie arme de la deuxième guerre mondiale et représente un des premiers missiles balistiques.) Qu'est-ce qu'on sait d'OSS 117 et de Jack après cette scène? Qu'est-ce qui se passera entre ces deux hommes dans le film?

3. Le générique (3:16-4:47)—Les formes et les animations du générique sont significatives. Demandez aux étudiants de prendre des notes détaillées et d'y réfléchir pendant le film.

Observations générales

Demandez aux étudiants de faire une ou plusieurs des observations suivantes:

1. Faites une liste des personnages dans le film avec une description physique et leurs motivations principales.

2. Remarquez les actions choquantes d'OSS 117 dans le film. Combien de maladresses notez-vous?

3. Notez l'usage du langage dans le film. Quels jeux de mots remarquez-vous? Quelles langues entendez-vous? Qui parle quelle langue à quel moment?

4. Pensez au contexte historique. Quels faits, quels événements ou quelles personnes mention-

nés dans le film vous semblent importants?

5. Faites attention aux techniques cinématographiques utilisées dans le film. Quel en est l'effet?
6. Examinez le rapport entre l'action et la musique dans le film.
7. Où est l'humour? Quels moments sont les plus comiques?

Questions sur le film

1. Précisez les attitudes d'OSS 117 dans le film. Y voyez-vous parfois des contradictions? Sujets possibles: la supériorité française, la civilisation égyptienne, le peuple égyptien, la langue arabe, les femmes, la religion musulmane, l'homosexualité, etc.
2. Comparez les deux rôles féminins: la princesse et Larmina. Laquelle préférez-vous et pourquoi? Laquelle convient le mieux à OSS 117? Si OSS 117 est un stéréotype, ces femmes le sont-elles aussi?
3. Selon ce que vous avez vu dans le film, quels sont les stéréotypes associés aux nationalités suivantes: les Français, les Allemands, les Anglais, les Soviétiques, les Belges et les Égyptiens?
4. Quel est le rôle de la France dans le film? La France est-elle pertinente dans le monde? Pourquoi ou pourquoi pas?
5. Quels événements et personnages historiques sont mentionnés dans le film? Qu'en savez-vous? D'après le dialogue du film et l'histoire que vous connaissez déjà, quelle est la relation historique entre la France et l'Egypte?
6. Pensons aux flash-backs dans le film. En particulier, quelles différences voyez-vous entre les souvenirs d'OSS 117 et de Jack Jefferson? Qu'est-ce que ces différences révèlent à propos de l'intrigue? À propos des personnages? À propos de la mémoire en général?
7. Ce film a connu un grand succès en France avec plus de 2,5M entrées. D'un point de vue américain, trouvez-vous ce film amusant? Quelles sont les scènes les mieux réussies? Selon vous, y a-t-il des parties qui sont censées être comiques et qui ne le sont pas? Après avoir vu ce film, comment pourriez-vous décrire l'humour à la française?
8. Que pensez-vous de l'esthétique rétro du film? Quel aspect vous a plu davantage: le décor, les costumes, la cinématographie, les effets spéciaux, la musique, le montage, etc.? Avez-vous noté un décalage entre la forme et le contenu du film? Des anachronismes?

Après le visionnement

1. Résumé du film. Faites une liste des personnages et des événements principaux du film. Faites attention de respecter l'ordre chronologique. Modification pour en faire une activité communicative: donnez à chaque étudiant une frise chronologique du film partiellement complétée; puis distribuez une info-solution différente à chaque étudiant. Ils doivent se poser des questions pour pouvoir compléter leur frise.
2. Les indices. Quels sont les indices tout au long du film qui soutiennent la révélation à la fin (la trahison de Jefferson)? Étiez-vous surpris de la conclusion? Pourquoi ou pourquoi pas?
3. Le générique. Remontrez le générique pour identifier les allusions aux moments spécifiques dans le film: les costumes, les arches, le jokari, etc.
4. Les critiques. Menez une discussion sur les mérites et les échecs du film. Ensuite, montrez un site web avec les critiques simples du film en français (allocine, amazon.fr, etc.). Les étudiants parcourent les critiques et choisissent la meilleure des positives et la meilleure des négatives. Après, ils peuvent afficher leurs propres critiques (en français) sur le site.

Activités suggérées

1. Le Marketing international. Retournez à l'affiche française et comparez-la avec l'affiche anglo-américaine. Quelles différences voyez-vous entre les deux? Pourquoi ces changements? Que pensez-vous du slogan? Ensuite, remontrez la bande annonce française et demandez aux étudiants de noter quelles scènes sont incluses dans la bande annonce. Après le visionnement, montrez la bande annonce anglo-américaine (distribuée par Music Box Films). Quelles différences voyez-vous? Quelles scènes est-ce que le distributeur américain a choisies? Trouvez-vous que le distributeur met l'accent sur un aspect différent du film? Si oui, lequel? Sinon, quelles sont les similitudes? Quelle bande annonce préférez-vous? Après la discussion, demandez aux étudiants de sélectionner un film d'espionnage américain, de regarder la bande annonce et d'imaginer quels changements seraient nécessaires pour un public français.

2. Comment est votre blanquette? Sur des fiches cartonnées, écrivez des conversations banales de 3-4 phrases qui fonctionneront comme des mots de passe entre agents secrets. Quelques exemples: «Quel temps fait-il à Rome? —Il fait soleil. —J'aime la pluie en Italie. —Et j'aime la neige en Norvège». «Parlez-vous chinois? —Non, je parle japonais. —Pouvez-vous dire bonjour? —Je préfère dire au revoir». Ensuite, décrivez l'objectif aux étudiants: imaginez que vous êtes à une soirée à l'ambassade britannique au Caire et c'est un véritable nid d'espions. Mémorisez le mot de passe sur votre fiche. Vous utiliserez ces échanges pour trouver vos collègues. Mais faites attention! Tout le monde essaie de déchiffrer le code des autres. À la fin de l'activité, les espions s'identifient par groupe et essaient de reconstituer les mots de passe des autres.

3. Un Mambo! Montrez la scène du mambo (26:58-30:38). Vous pouvez mentionner que Brigitte Bardot a popularisé le mambo en 1956 dans une scène célèbre du film *Et Dieu… créa la femme* et/ou que la réaction de Bérénice Béjo («Oh, un mambo»!) s'inspire de Catherine Deneuve au dancing dans *Les Parapluies de Cherbourg* (1964). Il y a beaucoup de leçons de mambo en français sur YouTube. Choisissez une vidéo qui vous convient (longueur, difficulté, niveau de français), et utilisez cette ressource authentique pour apprendre aux étudiants la danse. Une fois qu'ils connaissent les pas, jouez la scène du mambo pour qu'ils dansent avec la musique de la bande sonore.

4. Une carte cairote. Montrez la scène où OSS 117 se perd au Caire (33:35-36:19). Expliquez que cette scène a été tournée, non au Caire, mais à Casablanca dans le quartier Habous. Montrez une carte et quelques photos de ce joli quartier, et demandez aux étudiants de décrire les images. Pour en faire un jeu, passez des bouts de papier avec les rôles: un bout de papier qui dit «OSS 117», un qui dit «meurtrier», et plusieurs qui disent «ami», «ennemi», ou «ignorant». Seul OSS 117 et le meurtrier s'identifient devant la classe. Les autres ne connaissent que leurs identités individuelles. Le meurtrier va au tableau et OSS 117 s'assied, dos au tableau. Montrez la carte au tableau et donnez une copie de la carte à OSS 117. Expliquez que le meurtrier tracera sa route au tableau et les autres crieront les directions à OSS 117 selon leur rôle (voir ci-dessous). OSS 117 tracera sa route sur le papier. Les amis diront la vérité, les ennemis diront le contraire, et les ignorants diront ce qu'ils veulent. Avant l'activité, si nécessaire, révisez l'impératif (tourne! va! continue!) et les directions (à gauche! à droite! tout droit!).

5. Une seconde chance. Montrez une ou deux scènes pleines de maladresses, e.g., le tour en voiture (12:08-13:56), la discussion de l'alcool à l'ambassade (27:53-28:12), après l'épisode du muezzin (38:42-40:06), ou la fin au ponton (1:30:00-1:31:50). Demandez aux étudiants de réécrire le dialogue comme si OSS 117 était plus sensible à la situation ou aux sentiments des autres.

6. Bambino. Montrez la scène «Bambino» (1:16:10-1:19:50) en demandant aux étudiants d'imaginer la signification des paroles. De quoi parle cette chanson? De quelle origine est la chanson? Après avoir discuté des réponses, expliquez que la chanson est italienne («Guaglione») et date de 1956. Elle a connu un succès immédiat: traduite en plusieurs langues, «Guaglione» a été reprise aux États-Unis par Dean Martin («The Man Who Plays the Mandolino») et en France par Dalida, une chanteuse italo-égyptienne.

Plusieurs activités sont possibles.

a. Faites-leur remplir les blancs avec les paroles. Par exemple, vous pouvez facilement réviser la conjugaison (indicatif, impératif) à la deuxième personne.

b. Comparez les paroles. Donnez aux étudiants la version de Dalida et une traduction en français de la version arabe.

c. Comparez les interprétations. Après avoir compris les paroles, quelle interprétation préférez-vous et pourquoi?

d. Menez une discussion: quel est l'effet de l'arabe dans cette scène? Les étudiants devraient noter qu'OSS 117 chante très bien en arabe, tandis que Larmina et l'imam se parlent en français.

7. Le jokari. Le jokari est cher et souvent difficile à trouver. Pour évoquer le jeu, vous pouvez y substituer le bolo qui se vend dans les magasins à prix unique ou en gros sur Internet. Organisez un tournoi ou un concours simple pour savoir quel étudiant est le meilleur joueur. Tous les étudiants peuvent compter le nombre de fois que la balle rebondit.

8. L'humour en traduction. Utilisez cette activité si vous jouez le film sous-titré. Montrez aux étudiants la scène du gratin cairote (20:06-21:00). Il est bien possible que les étudiants notent eux-mêmes la déviation entre les mots et les sous-titres: OSS 117 dit clairement «pommes de terre» sans jamais mentionner «crème» ou «beurre», comme indiqué dans les sous-titres. En tout cas, faites remarquer que la traduction littérale ne convient pas toujours, en particulier quand il s'agit d'un jeu de mots (ici, carotte / cairote). Donnez-leur une copie du dialogue court avec les blancs pour carotte/cairote, pommes de terre, et légume. Après les avoir remplis, demandez aux étudiants la signification du gratin chez Larmina (le gratin comme la haute société ou «upper crust») et du gratin chez OSS 117 (le gratin comme le plat, vous pouvez montrer une image d'un gratin de pommes de terre). Quelle expression anglaise le traducteur utilise-t-il pour le gratin cairote? Trouvez-vous que cette transformation soit bien faite pour un public anglo-américain? Pourquoi ou pourquoi pas? Avez-vous noté d'autres moments dans le film où la traduction semblait bizarre? Sinon, vous pouvez mentionner la scène du hammam (1:01:28-1:04:48) où OSS 117 dit «They came 'Russian' at me». Il se peut que les étudiants n'aient pas bien compris, car cette blague est plus compréhensible à l'oral qu'à l'écrit (homonyme approximatif: Russian = rushing). Voyez si les étudiants comprennent cette astuce assez difficile en français: «on peut dire que le Soviet éponge» (serviette éponge).

Projets suggérés

1. Comment est votre blanquette? (bis). Les étudiants doivent chercher des recettes simples pour les plats traditionnels «à base de viande» mentionnés dans le film: une potée, une daube et la fameuse blanquette de veau. Si possible, les étudiants devraient préparer les plats et/ou les emmener en classe pour une petite dégustation. Sinon, ils peuvent présenter les ingrédients et les recettes sous la forme d'un PowerPoint.

2. La suite en Iran. Les étudiants imaginent ce qui va se passer pendant la prochaine mission en Iran: nouveaux personnages et nouvelles aventures! Y a-t-il des caméos ou des clins d'œil au premier film? N'oubliez pas un titre créatif. Ce projet peut prendre la forme d'une nouvelle, d'un sketch ou d'un court métrage.

3. Un remake américain. Montrez aux étudiants quelques exemples de remakes américains, e.g. *Le dîner des cons* (1998) > *Dinner for Schmucks* (2010), *La Cage aux folles* (1978) > *The Birdcage* (1996). Les étudiants envisagent un remake américain d'*OSS 117: Le Caire, nid d'espions*. Il faut choisir les acteurs pour les rôles principaux et changer les détails pour plaire au public américain. Ils présentent leur remake

devant la classe avec des images.

4. Un jeu vidéo. Demandez aux étudiants d'imaginer un jeu vidéo basé sur ce film. Ils choisiront les scènes qui se prêteront le mieux à un jeu vidéo et concevront la jouabilité principale. Quelques dessins conceptuels aideront à envisager le jeu.

5. L'humour en traduction (bis). Suite à l'activité suggérée sur le gratin cairote, les étudiants peuvent choisir une courte scène d'un film ou d'une émission en anglais qui est bien connue pour son humour et/ou ses jeux de mots. Tout en se souvenant du choix du traducteur de garder le vocabulaire alimentaire, les étudiants essayeront de transformer le dialogue anglais en français, en conservant l'idée d'un jeu de mots.

6. Les années 1950. En groupes, les étudiants font la recherche et préparent des présentations sur les sujets, les personnes et/ou les crises évoqués par le film, ex. René Coty, le roi Farouk, Gamal Abdel Nasser, OSS 117 (romans et films), la crise du canal de Suez, la Guerre froide, la francophonie en Égypte, l'Union française, l'islam, l'arabisation, etc.

7. Les années 1950 (bis). Les étudiants peuvent explorer des éléments de la culture des années 50 en France et/ou aux États-Unis. À quoi ressemblait la vie quotidienne des Français? En partant du film, quels objets ont disparu / existent encore aujourd'hui?

8. Jeu de rôle: En groupes, les étudiants préparent un sketch qui se situe dans les années 50. Ils doivent utiliser des références historiques et culturelles de cette époque et les incorporer à leur histoire. On appréciera le souci du détail dans les vêtements et accessoires. Attention aux anachronismes!

9. Projet vidéo: Après avoir montré aux étudiants quelques bandes annonces de films d'espionnage français (tels que *L'affaire Farewell* [2009] ou *Requiem pour une tueuse* [2011]), demandez-leur d'analyser la construction cinématographique: ressorts utilisés pour créer le suspense, introduction des personnages principaux, dévoilement d'une partie de l'intrigue, etc. Puis, en groupes, les étudiants imaginent et filment la bande annonce de leur propre film d'espionnage.

Essais

1. Regardez la scène à l'ambassade où les quatre directeurs (Bramard, Mueller, Setine et Pelletier) parlent par énigmes (30:38-33:40). Écrivez une explication de texte autour de cette scène.

2. Le critique américain Roger Ebert a écrit qu'OSS 117 était «by James Bond out of Inspector Clouseau and Austin Powers» ([www.rogerebert.com], 26 juin 2008). Dans quelle mesure ces comparaisons sont-elles justes? Analysez l'interprétation de Jean Dujardin à la lumière d'une ou de plusieurs de ces influences.

3. Comparez *OSS 117: Le Caire, nid d'espions* à un autre film d'un genre similaire, soit un film d'espionnage (classique ou contemporain), soit une parodie du genre (Austin Powers, *Get Smart*), soit un film qui s'appuie sur une esthétique rétro (*The Artist, Down with Love, Populaire*). Pour le premier, quelques suggestions sont *Dr. No* (pour une comparaison directe avec Sean Connery) ou *Casino Royale* avec Daniel Craig (qui est sorti la même année que *Le Caire, nid d'espions*). Pour ce dernier, comment l'esthétique contribue-t-elle à la réception des films et de leurs thèmes?

4. Les événements du film se déroulent dans les années 50, mais les spectateurs vivent au 21e siècle. Comment le film parle-t-il au public moderne?

5. Une grande partie de l'humour du film est liée aux attitudes offensantes d'OSS 117: le sexisme, le racisme, l'homophobie, la discrimination religieuse, même la discrimination contre les personnes de petite taille. Choisissez un de ces thèmes, et analysez sa manifestation dans le film. Pourquoi et comment peut-on en rire?

6. Larmina dit qu'OSS 117 est «typiquement… français». Dans le contexte du film, qu'est-ce que cela veut

dire? Pensez aux moments qui soulignent les attitudes françaises variées à propos du monde arabe. Quelles différences voyez-vous entre ce «franchouillard» des années 50 et le stéréotype contemporain d'un Américain à l'étranger? Dans quelle mesure OSS 117 représente-il toute la culture occidentale et non seulement la culture française?

7. Quoiqu'il y ait des Allemands, des Soviétiques, et des Anglais dans le film, il n'y a que deux langues: le français et l'arabe (avec deux ou trois cas d'allemand). Discutez l'usage de la langue et les implications de ce choix en citant des exemples précis du film. Quel est le rapport avec le rôle de la langue arabe aujourd'hui?

Interrogations

Quoiqu'une interrogation dépende de ce que vous traitez en classe, voici quelques questions possibles:

1. Reliez les mots ou expressions arabes à leurs équivalentes françaises: Choukrane, Inch'Allah, Bismi Allah, hammam, imam, muezzin, raïs.
2. Quelles nationalités sont représentées dans le film?
3. Expliquez brièvement les motivations des personnages suivants: OSS 117, la Princesse Al-Farouk, Larmina, Jack Jefferson, l'Imam, Moeller.
4. Quelles sont les fonctions des organisations suivantes: SCEP, SCEDE, les Aigles de Kheops?
5. Décrivez une blanquette.
6. Qu'est-ce le Kapov? Pourquoi est-il important?
7. Qui est le Président français en 1955? Le Président égyptien?
8. Faites une liste d'au moins quatre tabous dont on se moque dans le film.
9. Qui sont les acteurs principaux du film?

Réflexion personnelle

La vraie vie peut être compliquée, pénible et ardue; alors au cinéma, je préfère échapper à la réalité au lieu de l'embrasser. Donc, ce film plein d'action, d'espionnage, d'exotisme et de comédie m'est un petit plaisir; et en tant que fanatique des films classiques, l'esthétique rétro est un bonus. Quelle surprise qu'en dépit de sa légèreté apparente, il y ait tant de richesses pour stimuler un dialogue en classe: le rôle de la France dans le monde, la musique, de la danse, des jeux, de la religion, du sexisme, du racisme, et bien plus d'encore.

Ressources

[http://site2oss.canalblog.com]

[www.gaumont.fr/fr/film/OSS-117-Le-Caire-nid-d-espions.html]

[www.cinemalefrance.com/fiches/OSS117lecairenidespions.pdf]

[http://oss117movie.com]

[www.rogerebert.com/reviews/oss-117-cairo-nest-of-spies-2008]

[www.lemonde.fr/cinema/article/2006/04/18/oss-117-le-caire-nid-d-espions-retour-gagnant-pour-l-espion-oss-117_762870_3476.html]

[http://cine.ados.fr/dossiers/oss-117]

[www.telerama.fr/cinema/les-sept-visages-d-oss-117,41641.php]

«Jean Dujardin parle de son personnage Hubert Bonisseur de La Bath, dit OSS 117 dans 'OSS 117, Le

Caire, nid d'espions'». [www.cinemotions.com]

«La vie quotidienne des années 50» [www.chartres.fr/fileadmin/user_upload/Actus/Pdf/DP_annees_50__GOOTENBERG_OK.pdf]

Notes

1. Quoique le CNC ait classé ce film «U» (tous publics), il y a des situations et des allusions sexuelles. En général, les scènes en question sont moins obscènes que celles d'Austin Powers, par exemple, mais il faut décider si elles sont appropriées pour vos étudiants.

2. Ce film réunit Michel Hazanavicius, Jean Dujardin et Bérénice Bejo pour la première fois. Leur deuxième collaboration, *The Artist* (2011), est le film français le plus récompensé de tous les temps (105 sur 185 nominations).

9
Ratatouille

Fawzia Ahmad
Regis University (CO)

Réalisateurs: Brad Bird, Bob Peterson
Genre: film animé
Date de sortie: 1er août 2007

Voilà une histoire des rêves réalisés qui va plaire à tous. Son héros, Rémy est un jeune rat passionné par la cuisine et la bonne nourriture. Rêvant de devenir un grand chef français, il est confronté à l'opposition de sa famille. Malgré les risques, il va tenter de pénétrer dans les cuisines d'un fameux restaurant parisien à côté du vrai propriétaire Auguste Gusteau. Il va apprendre les ficelles du métier avec Linguini qui lui aussi est un chef déstitué.

Comme tous les dessins animés évolués, il y a des messages et des tournures intellectuelles pour les spectateurs. Doté d'un vocabulaire bien châtié de la cuisine, une chanson qui se sépare des stéréotypes français, et d'autres détails comme le nom de Rémy qui était le nom-de-guerre de Gilbert Renault, un héros de la Résistance pendant la Deuxième Guerre Mondiale et le 'rat' dans ce mets fameux d'une ratatouille, ce film nous offre un délice qui nous fera plaisir.

Nous trouverons certes, un autre mérite inattendu: les dessins sont familiers pour les goûts américains et les approches aux grands thèmes du film le sont aussi. C'est à dire les possibilités du succès pour tous, l'individu et son effort pour franchir les destins qui le limitent, et les amitiés qui nous réunissent sont quelques tropes qui plairont à tous. Toutefois, l'histoire se déroule en France et le cadre et le milieu restent français. Et un atout: ce film représente merveilleusement le thème de la quête de soi du programme standard ACTFL en français.

Version française . . . pour un jeu vidéo mais on peut s'en servir en cours: [www.youtube.com/watch?v=bsMa-qzVWvU]

Vocabulaire

Noms

aubergine (n.f.)	eggplant
branche de ciboulette (n.f.)	branch of chives
coulis de tomate (n.m.)	tomato sauce
courgette (n.f.)	zucchini
gousse d'ail (n.f.)	clove of garlic
légumes mijotés (n.m.pl.)	slow-cooked vegetables
plat méridional (n.m.)	southern dish

Verbes

chatouiller les papilles	to tickle the tastebuds
éplucher	to peel
tailler les légumes	to chop/cut vegetables

Les fromages

chariot de fromage (n.m.)	cheese serving cart
Le Brebis	
La Clochette (chèvre)	

Les genres des films

film d'amour (n.m.)	love story, romantic movie
film d'aventure (n.m.)	adventure movie
film comique (n.m.)	comedy
film d'épouvante (n.m.)	horror movie
film d'espionnage (n.m.)	spy movie
film policier (n.m.)	detective movie
film sous-titré (n.m.)	movie with subtitles
film version originale (n.m.)	movie in its original language
casse-pieds (n.m.)	boring movie

Expressions

être né avec une cuillère d'argent dans la bouche	to be born with a silver spoon in one's mouth
Tout le monde peut faire la cuisine mais certains la font mieux que d'autres.	Everyone can cook but some do it better.
Rien n'est gratuit dans la vie.	Nothing in life is free.
Les métiers de la cuisine	The ranks in a chef's kitchen
boulanger (n.m.)	baker
chef de la cuisine (n.m.)	head chef
chef de partie (n.m.)	station chef
commis de cuisine (n.m.)	apprentice chef
crêpier (n.m.)	crêpe maker
cuisinier (n.m.)	cook
écailleur (n.m.)	oyster shucker
pâtissier (n.m.)	pastry chef
pizzaïolo (n.m.)	pizza maker
plongeur (n.m.)	dishwasher
second de la cuisine (n.m.)	sous-chef

Vocabulaire supplémentaire de la cuisine

[www.youtube.com/watch?v=AX64Q7HMS2k]
[www.youtube.com/watch?v=vQ1rGITRWVU]
[www.pinterest.com/pin/286119382548134056]
[www.languageguide.org/french/vocabulary/kitchen]
[www.languageguide.org/french/vocabulary/kitchen2]
[www.slideshare.net/juantortiz/les-aliments-236890]
[www.youtube.com/watch?v=ZdTAFyEebfs&feature=relmfu]
[www.youtube.com/watch?v=Z3I2rcrWrR4&feature=relmfu]
[www.youtube.com/watch?v=IkavvrQPMaQ&feature=relmfu]

FICHE PÉDAGOGIQUE

Avant le visionnement

1. Commenter le titre du film, *Ratatouille*. Voyez-vous le double sens de ce mot/plat?
2. Lier à d'autres sujets: la nourriture dans le monde entier.
3. La consommation dans de différentes cultures.
4. Faire une recherche de la hiérarchie d'une cuisine bien connue: le chef, le sous-chef, le saucier, le chef de parti, le demi chef de parti, le commis, le plongeur.

Visionnement de la bande annonce

[www.premiere.fr/Bandes-annonces/Video/Ratatouille]

[www.youtube.com/watch?v=5HYhQHUUo6M]

1. Demander aux étudiants de dresser une liste des termes importants de la bande-annonce en français.
2. En quoi l'animation est-elle familière selon les goûts américains?
3. Comparer la bande annonce en français et en anglais.

4. Après avoir vu la bande annonce, qu'est-ce qui vous attire au film?

La chanson «Le Festin» [www.youtube.com/watch?v=_nRosw-sY8s]

Remplir le tiret: «__________ comme le bon vin»

Donner la bonne traduction en anglais: Le festin sur mon chemin...

Écrire un essai court sur: Rien n'est gratuit dans la vie.

Pendant le visionnement

Niveau débutant (Créé par Wonderboy, modifié le 25 juillet 2009 Validé par bousquette):

1. Comment s'appelle le rat avec un talent de gastronomie et de cuisine?

   Rémy

   Ratatouille

   Émile

2. Qui est le frère de Rémy?

   Émile

   Alfredo

   Anton

3. Comment s'appelle le grand cuisinier de Paris avant sa mort?

   Anton Ego

   Skinner

   Gusteau

4. Qui a tué Gusteau?

   Skinner

   Anton Ego

   Linguini

5. Et comment il l'a tué?

   Avec un fusil

   En l'étranglant

   En écrivant une critique qui a finalement fait de la peine à Gusteau beaucoup

6. Comment s'appelle le garçon maladroit qui s'occupe des poubelles du restaurant «Chez Gusteau»?

   Émile

   Louis

   Linguini

7. Qui est le chef du clan de rats où Rémy vit parmi les siens?

   Émile, son frère

   Son père

   Sa mère

8. Tout le clan de rats mange des cochonneries sauf Rémy.

   Vrai

   Faux

9. Quel est le principal talent de Rémy?

   La vitesse

   Le sport

   Le sens de l'odorat extrêmement développé

10. Quel est le métier d'Anton Ego?

    Cuisinier

    Espion

    Critique

11. Qui aident à Linguini de cuisiner pour son travail au restaurant «Chez Gusteau»?

    Émile et Ego

    Colette et Skinner

    Rémy et Colette

12. De quelle espèce d'animal est Rémy?

    Souris

    Rat

    Hamster

13. Qui est le fils de Gusteau?

    Il n'a jamais eu d'enfant

    Linguini

14. Qu'est que Linguini a hérité de son père?

    Une bicyclette

    1 million de dollars

    Le restaurant «Chez Gusteau»

15. Qui a réalisé le film *Ratatouille*?

    Steven Spielberg

    Tim Burton

    Brad Bird

Niveau intermédiaire

1. Faire un portrait de la famille de Rémy.
2. «Je refuse d'avaler n'importe quoi…». Commenter ce premier refus de Rémy. Qu'est-ce que cela signifie quant à son avenir?
3. Quel est le rôle de l'ange gardien pour Rémy?
4. Comparer une liste des verbes de la cuisine.

Questions sur le film (niveau avancé)

1. Quels sont les destins que Rémy doit nier avant d'embarquer à un nouveau chemin.
2. Commenter l'amitié entre Rémy et Alfredo. Leurs talents individuels et unis?
3. Quel est le rôle de l'instinct du bon goût chez Rémy?
4. Sujet de recherche: Pourquoi la ratatouille est-elle considérée au rang secondaire dans la gastronomie française?
5. Quels en seraient les exemples des plats dans votre culture?

Après le visionnement

1. Se trouver dans une cuisine d'un restaurant bien respecté est un statut désirable. Quel en serait l'équivalent dans votre culture?
2. Commenter les différences qu'on trouve dans une cuisine de luxe et de la survie.
3. Les souvenirs et nos goûts culinaires. En quoi sont-ils mélangés?

Activités suggérées

Pour les étudiants intermédiaires

Faire un menu aux ingrédients sains pour une famille pauvre.

Pour les étudiants avancés

Faires les recherches sur les produits biologiques dans votre région.

En quoi consiste le 'risque' d'essayer de nouveaux plats?

Y a-t-il des préjugés liés aux choix de la nourriture pour des cultures différentes? Si oui, recherchez-les.

Pour les niveaux mixtes

Des jeux [http://lefildufle.wordpress.com/2009/04/20/les-aliments-et-la-nourriture]

[www.youtube.com/watch?v=bsMa-qzVWvU]

1. Avez-vous appris à faire un plat quand vous étiez jeune? Lequel? Qu'en gardez-vous les souvenirs?
2. Écrire une recette originale.
3. Vous voulez postuler pour un poste à un restaurant bien connu. Présentez-vous comme sous chef.
4. Interviewer un chef bien connu.
5. Vous êtes participant dans un concours de la cuisine dans votre lycée/université. Quel plat choisiriez-vous et pourquoi?

6. Faire un scénario pour un *reality show* d'une cuisine quatre étoiles.
7. Faire une vidéo en préparant un plat.
8. Interviewer vos camarades de classe sur leurs préférences culinaires.
9. Chercher les étiquettes des produits alimentaires dans votre vie.
10. Vous êtes pour ou contre les produits bios. Expliquer pourquoi.
11. Avez-vous jamais dû vous expliquer les choix de vos habitudes alimentaires?
12. Lier la cuisine à la culture de trois différentes régions. Faire un schéma T.
13. Qu'en pensez-vous de la cuisine fusion?
14. Rechercher l'histoire de quelques chefs bien connus.
15. Quel était le repas le plus copieux que vous avez dégusté?

Essais

1. Imaginer que votre famille ne s'intéresse pas à la gastronomie mais vous voulez achever votre rêve d'être chef d'un restaurant. Défendez votre choix en essayant de convaincre vos parents des avantages d'un tel rêve.
2. «Rien n'est gratuit dans la vie». Quelles étapes faut-il réaliser pour parvenir à vos ambitions.
3. En quoi la quête de soi comprend l'aide des autres? Expliquez le rôle de ceux qui vous ont encouragé à poursuivre vos désirs.
4. Nous sommes ce que nous mangeons. Développer ce thème.
5. Faut-il faire attention à nos habitudes alimentaires dès notre jeunesse? Pourquoi?
6. Défendre la profession de vos rêves pour l'avenir.

Interrogation écrite

Approches

Thématiques

1. Le rôle de l'inattendu dans nos vies. Comment pourrait-on expliquer un chef qui est un rat au même temps?
2. Il existe une lutte sans cesse entre nos rêves et la réalité. Y a-t-il un juste milieu entre les deux mobiles dans nos vies?

Culturelles

1. Étudier les valeurs que les cultures différentes associent avec leurs cuisines.
2. Les liens entre la culture et sa cuisine sont bien évidents dans ce film. Pourrait-on dire que la fusion aussi est une troisième culture quant aux choix de connaître les cultures et leurs cuisines? Commenter cette troisième culture.

Pour les niveaux débutants

Exercices de grammaire

Les Prépositions de lieu

La casserole est dans le four.

Elle est sur le four.

Elle est à côté du four

Elle est devant le four.

Elle est derrière le four.

Les Adjectifs

Les Couleurs

Un rat gris

Un tablier blanc

Des serviettes jaunes

D'autres adjectifs

Une petite cuillère

Un chef extraordinaire

Une recette facile

Un dessin animé

Pour décrire les films

barbant / ennuyeux	sensass / super	chouette
drôle	nul	passionnant
tragique	casse-pieds	affreux
comique	génial	amusant
violent	moche	formidable
pas mal	excellent	extraordinaire

Pour les niveaux intermédiaires

Donner les définitions en français de trois des mots clés des thèmes dans le film. Écrire cinq phrases (30 pts.)

1. la gastronomie
2. un chef d'œuvre
3. réaliser un rêve
4. un ange gardien
5. pourboire
6. une passion

Ratatouille

Pour les niveaux plus avancés

1. Faire un portrait du monde de la cuisine d'un restaurant de cinq étoiles.
2. Devons-nous baser nos évaluations d'une culture selon sa cuisine?

Des Essais argumentatifs

Pourquoi les Américains doivent déguster de plus en plus de cuisines des autres cultures?

Interrogation orale

1. Présenter une dispute entre un chef bien connu et le nouveau commis de la cuisine.
2. Essayer de convaincre un Français qu'un plat américain de votre choix est meilleur qu'un plat français.

La Recette de la ratatouille de Rémy

Préparation: 30 minutes; Cuisson: 45 minutes

Ingrédients:

- 2 aubergines de taille moyenne
- 1 courgette verte à peu près de la même taille
- 1 courgette jaune à peu près de la même taille
- 2 poivrons rouges
- 2 tomates (ou du coulis de tomate pour les plus pressés!)
- 1 gousse d'ail
- 1 oignon
- huile d'olive
- noix de muscade
- sel, poivre

Préparation

1. À l'aide d'une mandoline, découpez de très fines tranches de courgette verte et de courgette jaune, d'aubergines et d'un poivron rouge.
2. Pour la sauce: Ouvrez les poivrons pour retirer les grains.

   Faites bouillir 2 tomates 10 minutes pour en retirer la peau et enlever ensuite les pépins. Dans le mixer mettez le poivron rouge en cube, les tomates, l'ail épluché, l'huile d'olive, l'oignon, le sel et le poivre ensemble. Il faut obtenir un mélange bien lisse!
3. Dans un plat à gratin, versez toute la sauce. Puis recouvrez-la de rondelles de légumes en alternant chaque légume! Salez et poivrez.

Réflexion personnelle

Le charme de *Ratatouille* existe et dans sa présentation fine du monde de la cuisine française et les ambitions qui nous tous sont assez familières. Pénétrer dans un milieu qui nous est à la première vue inaccessible est ce sentiment même ordinaire que nous partageons dans de différentes cultures. D'aprés moi, une raison importante pour laquelle ce film me plaît est le mélange des deux mondes différents... le don parfois chéri d'être chef et le savoir-faire d'un petit rat d'y arriver plaisent à tous âges.

Ressources

[www.allocine.fr]

[www.marmiton.org]

[videos-collection.disney.fr/ratatouille]

[www.lexpress.fr/.../video-ratatouille-a-disneyland-paris-alors-c-etait-comment?]

[www.animationartconservation.com/?c=art&p=articles_ratatouille]

10
Le Chant des mariées

Adela Lechintan-Siefer
Ohio State University

Réalisatrice: Karin Albou
Acteurs: Olympe Borval (Nour), Lizzie Brocheré (Myriam), Karin Albou (Tita), Najib Oudghiri (Khaled)
Date de sortie: 2008
Genre: Drame
Prix: Prix d'interprétation féminine pour Olympe Borval et Lizzie Brocheré au festival Rencontres du Cinéma Francophone à Villefranche, France (2008); Prix du jury au Festival du cinéma méditerranéen à Montpellier, France (2008)

Ce dossier pédagogique vient d'un désir de faire découvrir aux étudiants une période moins connue de l'histoire de l'Afrique francophone, l'occupation nazie en Tunisie, et de leur faire connaître l'aspect multiculturel de ce rivage méditerranéen fascinant. En s'adressant aux étudiants de niveau avancé, ce projet a été également créé avec l'espoir d'approfondir leurs connaissances en langue française.

FICHE PÉDAGOGIQUE

Mini-biographie de la réalisatrice

L'oeuvre cinématographique et littéraire de Karin Albou reflète son éducation éclectique et la complexité de son héritage culturel. Née en Algérie dans une famille juive, elle a vécu en Algérie et en Tunisie pendant son enfance et elle a déménagé plus tard en France. Albou a étudié la littérature, l'anglais, le théâtre et la danse en s'inscrivant à une école de cinéma à Paris pour devenir scénariste. Pendant cette période, elle a découvert sa vocation de metteur en scène. Après avoir fini ses études, Albou a fait son début cinématographique avec des court-métrages comme *Chut!* et *En un clin d'oeil* (1991). Ensuite elle a passé quelques années à travailler sur un documentaire sur la Tunisie, *Mon pays m'a quitté* (1995). Albou écrit un roman en 2010, *La Grande Fête*, une «adaptation» de son troisième court-métrage, *Aid El Kébir* (1998) qui raconte la vie des femmes pendant la guerre civile en Algérie. Elle a aussi réalisé un film de télévision, *L'Innocente* (2001), l'histoire de Juliette, une femme injustement accusée de détournements de fonds. Son premier long-métrage qui va consacrer son style cinématographique est *La Petite Jérusalem* (2005), récit de la négociation identitaire de la jeune Laura, trouvée entre tradition et modernité. Le film a gagné le prix du meilleur scénario au Festival de Cannes en 2006 et il a été nommé deux fois pour les prix Césars de l'Académie française de film. Son autre long-métrage, *Le Chant des mariées* (2008), a été omniprésent à de nombreux festivals de film et il a également remporté plusieurs prix.

Contexte historique du film

Peu connue et pas suffisamment étudiée, l'occupation nazie de 1942 en Tunisie constitue le contexte historique du film *Le Chant des mariées.* Après sa colonisation par la France en 1883, la Tunisie est restée un protectorat français jusqu'à son indépendance en 1956. Parmi les colonies françaises de l'Afrique du Nord qui se trouvaient sous le gouvernement de Vichy pendant la seconde guerre mondiale, la Tunisie est la seule à être envahie par les Nazis en Novembre 1942. Les Allemands ont saisi les propriétés des Juifs, cinq mille personnes ont été envoyées dans les camps de travail forcé et environ deux cents ont été déportées vers des camps d'extermination en Europe.

Le Film

Dans le contexte historique de l'occupation nazie en Tunisie, *Le Chant des mariées* raconte l'histoire de deux amies adolescentes, Nour, qui est musulmane, et Myriam, qui est juive. Malgré leurs différences culturelles et religieuses, elles ont grandi ensemble dans la même cour. Mais leur amitié va souffrir à cause des difficultés de la guerre. Les deux filles commencent à se rendre compte de leurs différences. Pendant l'occupation, les Juifs ont de moins en moins de droits et ils sont injustement pénalisés. Myriam est expulsée de l'école et, quand on interdit à sa mère, Tita, de travailler, celle-ci décide de la marier avec un médecin riche, plus âgé qu'elle. Pendant un moment-clé du film, Myriam sauve la vie de Nour en déclarant devant les troupes SS qui visitent le hammam, qu'elle est sa sœur. L'amitié entre Myriam et Nour est mise à l'épreuve quand le fiancé de Nour, Khaled, manipulé par les Nazis, essaie de la convaincre que les Juifs seraient la cause de tous les problèmes dans leur pays. Dans la scène finale, Myriam et Nour sont symboliquement réunies quand elles se réfugient dans un abri pendant un bombardement.

Niveau avancé

Savez-vous?

Étape 1 En ligne, informez-vous sur les éléments historiques suivants: les Juifs et les Musulmans de Tunisie, la Tunisie comme protectorat français, l'Occupation nazie en Afrique, le gouvernement de Vichy, la Libération. Ensuite, partagez vos notes avec un partenaire.

Étape 2 En vous basant sur vos connaissances et sur les renseignements tirés des textes ci-dessus, déterminez si les phrases suivantes sont vraies ou fausses. Si la phrase est fausse, corrigez-là.

Vrai / Faux 1. L'action du film *Le Chant des mariées* a lieu pendant l'occupation nazie de l'Algérie en 1942.

Vrai / Faux 2. Karin Albou a commencé sa carrière de cinéaste en réalisant des court-métrages.

Vrai / Faux 3. Olympe Borval et Lizzie Brocheré ont reçu le Prix d'interprétation féminine au festival Rencontres du Cinéma Francophone.

Vrai / Faux 4. *Le Chant des mariées* crée un portrait des relations entre les Juifs et les Musulmans.

Vrai / Faux 5. À cause des lois mises en place par l'occupation, Myriam perd son droit de fréquenter l'école.

Vrai / Faux 6. L'amitié entre Myriam et Nour souffre à cause des discriminations causées par la guerre.

Avant le visionnement

Le Cinéma et l'Occupation

Que savez-vous sur l'Occupation nazie en France et en Afrique? Connaissez-vous d'autres films qui traitent du même thème? Pourriez-vous donner des exemples?

À votre avis

Étape 1 Quels sont les éléments que vous vous attendez à voir dans un film de guerre? Avec un partenaire, dressez une liste de cinq ou six idées et ensuite partagez-la avec la classe.

Étape 2 Regardez la bande annonce du film *Le Chant des mariées* et notez les éléments historiques et les thèmes qui, à votre avis, seront présents dans le film.

Vocabulaire

Lisez les phrases ci-dessous ensuite choisissez les synonymes correspondant aux mots et expressions en italiques. (Le corrigé se trouve à la fin de l'article.)

1. Elle n'a plus le droit d'aller à l'école, elle s'est fait *renvoyer*.
2. Elle fait tout le temps beaucoup de fautes, elle a *la tête en l'air.*
3. On n'a plus d'argent. Avec cette histoire d'*amende*, on devra faire des économies.
4. Tu t'es baissée pour *ramasser* des papiers par terre.
5. *La main d'oeuvre* est nécessaire pour la reconstruction après la guerre.
6. Si on n'aime pas un travail, il faut qu'on *démissionne*.
7. Tu ne devrais pas porter les vêtements d'une autre femme. On n'est pas des *mendiants*!

1.	renvoyer	a. accepter	b. expulser
2.	avoir la tête en l'air	a. être étourdi	b. être amoureux
3.	amende	a. amélioration	b. sanction
4.	ramasser	a. prendre par terre	b. parvenir à
5.	la main d'œuvre	a. la collaboration	b. les employés
6.	démissionner	a. renoncer à un emploi	b. offrir un cadeau
7.	un mendiant	a. un professionnel	b. un clochard

Pendant le visionnement

Dialogue

Tout en regardant le film, décidez quel personnage dit les phrases suivantes. S'agit-il de Myriam, de Nour, de Tita, de Khaled ou de Raoul?

1. «Pourquoi tu vas à l'école et je n'y vais pas»?
2. «Il faut que tu arrêtes de voir Myriam»!
3 «Non, je ne suis pas différente»!
4. «Il [Raoul] va nous aider à payer l'amende».
5. «Ne t'inquiète pas, Myriam. Toi aussi, tu vas avoir un fiancé».
6. «Tu ne comprends pas, Myriam. C'est la guerre».
7. «Il est venu chez moi. Il était avec des Allemands et des Français».
8. «Tu sais pourquoi je t'ai choisie à la synagogue»?

Les personnages

Pendant le visionnement du film, prenez des notes sur les personnages principaux Myriam, Nour, Khaled, Tita et Raoul en considérant les aspects suivants: leur héritage culturel, leurs relations avec les autres personnages et leur évolution à travers le film.

Une Sélection de scènes

Pendant que vous regardez le film, prenez des notes sur les scènes suivantes, en considérant les éléments techniques donnés:

Scène	Décor/Techniques cinématographiques	Importance pour le film entier	Vos impressions et pensées
Myriam et Nour se parlent tout au début du film			
Le dialogue entre Nour et Khaled au sujet de Myriam			
L'inspection des soldats au hammam			
La discussion entre Myriam et Nour sur leurs différences			
La scène (finale) du bombardement			

Le Chant des mariées

Techniques cinématographiques

Tout en regardant le film, identifiez des techniques cinématographiques utilisées et les moments qui leur correspondent dans le film. Ensuite, dans un groupe de trois personnes, discutez les effets que chaque technique a sur le spectateur.

Technique	Exemples/ scènes	Effets sur le spectateur
Échelle des plans (rapproché, général, américain, gros plan, etc.)		
Mouvements de la caméra (travelling horizontal/vertical, panoramique, etc.)		
Angle de prise de vue (plongée, contre-plongée)		
Montage/ transitions (champ/ contre-champ, jump cut, fondu au noir, fondu enchaîné, etc.)		
Son (musique, dialogues, bruitage, effets spéciaux, son diégétique/ extra-diégétique)		

Après le visionnement

La Guerre

Avez-vous observé l'insertion dans le montage des images d'archive en noir et blanc qui racontent la Seconde Guerre mondiale? Notez-les et dites pourquoi, à votre avis, la réalisatrice choisit-elle de les utiliser et quel en est l'effet créé?

Rapports entre personnages

Quels sont les rapports entre les personnages principaux et comment ces rapports évoluent-ils à traves le film? Comment est-ce que la guerre change les rapports entre les femmes et les hommes? Et entre parents et enfants ou entre amis?

Discussion de groupe

Réfléchissez à la scène qui vous a impressionné le plus. Ensuite, en groupes de trois ou quatre étudiants, présentez les raisons de votre choix. Argumentez votre point de vue avec des exemples tirés du film.

Regardons de plus près

Culture plurielle

Étape 1 La société tunisienne

Qu'est-ce que le film vous révèle sur la société tunisienne pendant la seconde guerre mondiale? Dans vos groupes, notez les détails qui vous paraissent illustratifs.

Étape 2 Différences culturelles

Réfléchissez aux dialogues entre Myriam et Nour, surtout à ceux qui révèlent de leurs différences culturelles. Notez ces différences. Comment se réconcilient-elles malgré cela? Dans votre société et dans votre culture, pourriez-vous imaginer des amitiés qui souffrent toujours à cause des différences culturelles? Connaissez-vous quelqu'un dans un cas similaire?

Musique

Dans la bande son du film ainsi que dans plusieurs scènes on entend souvent des chansons. Le titre aussi relève de l'importance accordée à la musique dans le film. Pourquoi choisir cette chanson comme thème principal du film? On entend d'autres chansons en français, arabe, yiddish et allemand. À quels moments? Quel en est le rôle, à votre avis ?

Langues

La langue qui prédomine à travers le film est le français, mais il y a des instants où d'autres langues sont utilisées comme l'arabe, le yiddish et l'allemand. À quel moment dans le film chaque langue est-elle employée et pourquoi, à votre avis ?

Pour aller plus loin

Une enfance dans un pays multiculturel

Étape 1 Lisez le récit *Une triple coexistence* de l'écrivaine Annie Goldmann dans lequel la narratrice raconte des moments de son enfance passée en Tunisie. Ensuite, répondez aux questions suivantes:

1. Comment la narratrice décrit-elle la société multiculturelle de Tunisie? Et sa famille juive?
2. Un épisode important est l'amitié entre la narratrice et Beya, la fille arabe. Qu'est-ce qui change une fois que les deux grandissent ?
3. Dans la scène du mariage arabe, quels sont les éléments qui vous paraissent intéressants? Vous font-ils penser aux scènes de mariage dans le film *Le Chant des mariées*? Expliquez.
4. Quels sont les événements que l'Occupation nazie de 1942 en Tunisie déclenche dans la vie de la narratrice?

Étape 2 Quels aspects similaires trouvez-vous entre le récit *Une triple coexistence* de l'écrivaine Annie Goldmann et le film *Le Chant des mariées*? Et quelles différences? Écrivez une composition d'une page et demie.

Le Chant des mariées

Jeu de rôles

En groupes de trois ou quatre étudiants, réécrivez une scène en ajoutant votre propre vision et en faisant des changements de contenu et de forme si vous désirez, tout en gardant la scène reconnaissable. Soyez prêts à jouer les rôles devant la classe et à filmer votre scène (2-3 minutes).

Le cinéma de guerre

Comparez *Le Chant des mariées* à un autre film de guerre ou à un film sur l'amitié interculturelle en français que vous connaissez. En quoi sont-ils similaires et différents? Dans votre réponse, tenez compte du moment historique, des thèmes, du style et des techniques cinématographiques utilisées. Écrivez une composition de trois pages.

Ressources

Albou, Karin. *Le Chant des mariées.* Gloria Films, 2008. DVD.

Albou, Karin. *Le Chant des mariées.* Bande-annonce. [www.canalplus.fr/c-cinema/c-les-films-en-salles/cid179871-le-chant-des-mariees.html]

Goldmann, Annie. «Une triple coexistence». *Une enfance juive en Méditerranée musulmane.* Éditions Leïla Sebbar. Clamecy, France: Bleu autour, 2012. Print.

Lachman, Kathryn. «Music and the Gendering of Colonial Space in Karin Albou's *Le Chant des mariées*». *Music, Sound, and the Moving Image.* 7.1 (spring 2013): 1-18. Print.

Corrigé

Vocabulaire: 1.b. renvoyer = to expel; 2.a. avoir la tête en l'air = to be absent minded; 3.b. amende = fine; 4.a. ramasser = to pick up; 5.b. la main d'oeuvre = labor force; 6.a. démissionner = to quit a job; 7.b. mendiant = beggar.

11
Le Hérisson

E. Nicole Meyer
Augusta University (GA)

Le titre: Le Hérisson
Le metteur en scène: Mona Achache
Les acteurs: Josiane Balasko (Renée Michel, la concierge), Garance Le Guillermic (Paloma Josse), Togo Igawa (Kakuro Ozu, le nouveau propriétaire dans l'immeuble), Anne Brochet (Solange Josse, la mère de Paloma), Wladimir Yordanoff (Paul Josse, le père de Paloma), Sarah Lepicard (Colombe Josse, la soeur aînée de Paloma), Gisèle Casadesus (Madame De Broglie, la personne âgée du 3e étage) Jean-Luc Porraz (Jean-Pierre, le clochard), Ariane Ascaride (Manuela Lopez, la femme de ménage) Samuel Achache (Tibère), Valérie Karsenti (la mère de Tibère), Stéphan Wojtowicz (le père de Tibère), Miyako Ribola (Yoko Ozu, la petite-fille de Kakuro)
Date de sortie: 3 juillet 2009 (France)
Genre du film: comédie dramatique
Prix: Prix du Public, Filmfest DC—The Washington International Film Festival 2011; Prix du Public 2e place, Palm Springs International Film Festival 2011; Prix 2010 COLCOA Film Festival, Los Angeles; Meilleur film, Seattle International Film Festival 2010

Vocabulaire

à leur façon	in their own way
à l'extérieur de	outside of
à l'intérieur	inside, indoors
anniversaire (n.m.)	birthday
bardée de piquants (adj.)	covered in barbs (spikes)
bête (n.f.)	animal, beast
bocal à poissons (n.m.)	fishbowl
cachette (n.f.)	hiding place
caméra (n.f.)	film camera
colombe (n.f.)	dove
concierge (n.f.)	caretaker
croquer	to munch
déguster	to savor
démarche (n.f.)	approach
démasqué	unmasked
démuni	impoverished
embaucher quelqu'un	to hire someone
farouchement	fiercely, bitterly, hotly
fondre	to melt
foyer (n.m.)	hostel, homeless shelter
grassouillette	chubby
hérisson (n.m.)	hedgehog
immeuble (n.m.)	apartment building
incroyable	incredible
journal (n.m.)	diary
malgré	in spite of
ne ... guère	hardly, scarcely
propriétaire (n.m.)	owner
poisson rouge (n.m.)	goldfish
quotidien	daily
saké (n.m.)	sake, a Japanese liquor
sauvage	uncivilized
se cacher	to hide (oneself)
souffrance (n.f.)	pain, suffering
souffrir	to suffer
se suicider	to commit suicide
tache (n.f.)	stain
torche (n.f.)	flashlight
veuve (n.f.)	widow

FICHE PÉDAGOGIQUE

Avant le visionnement

Discussion

1. Dans quelles circonstances est-ce qu'un enfant peut se sentir isolé et à part, malgré le fait qu'il ou elle vit une vie «privilégiée»?
2. Comment est-ce que la mort de quelqu'un peut affecter la vie de ses proches? Donnez des exemples de cette situation dans des films que vous avez vus.
3. Le Titre. Ce film a été adapté du roman *L'Élégance du hérisson* écrit par Muriel Barbery. Imaginez la raison pour laquelle on aurait voulu changer le titre. Lequel préférez-vous?

La Bande Annonce

Regardez la bande annonce du film, et répondez aux questions suivantes.

1. Après avoir regardé la bande annonce, indiquez les mots les plus appropriés pour les blancs dans le texte, en utilisant la liste suivante:

à leur façon	à l'intérieur	bêtes	bocal
chacune	élégantes	farouchement	grassouillette
laide	malheureuses	piquants	raffinée
propriétaire	se ressemblent	te caches	toutes
veuve			

Concierge: Je m'appelle Renée. J'ai 54 ans. Je suis ________, petite, ____________,
_________________.

Bonjour, Mademoiselle.

Je corresponds parfaitement à l'archétype de la concierge d'immeuble.

Paloma: Je m'appelle Paloma. J'ai 11 ans.

Maman: Paloma!

Paloma: Depuis très longtemps, je sais que la destination finale…

Maman: Oh, Paloma, mais pourquoi est-ce que tu ___________ comme ça?

Paloma: C'est le_________ à poissons.

Mais ce qui est certain: c'est que dans le bocal, j'irai pas.

Dame: Je vous présente Monsieur Kakuro Ozu, notre nouveau _____________________.

Concierge: Bonjour.

M. Ozu: Vous connaissez bien la famille Arthens?

Dame: Oui, une famille heureuse.

Concierge: ________ les familles heureuses ___ _______________________.

M. Ozu: Mais les familles malheureuses le sont chacune ____ ______ __________.

Concierge:	Toutes les familles heureuses se ressemblent, les familles ______________ le sont chacune à leur façon.
Paloma:	Vous aussi vous pensez qu'elle n'est pas ce qu'on croit? Madame Michel, elle me fait penser à un petit hérisson.
Concierge:	Qu'est-ce qui m'a pris, je suis démasquée.
Paloma:	À l'extérieur, elle est bardée de __________________.
Concierge:	Tu veux pas un chocolat?
Paloma:	Mais moi, j'ai l'impression qu'___ _______________________, elle est aussi __________________ que ces petites____________ _______________________ solitaires et terriblement __________________________.
Paloma:	Vous, vous avez trouvé la bonne cachette.
M. Ozu:	Je suis venu vous prier de dîner avec moi demain soir.
Concierge:	Mais je suis la concierge!
Dame:	Mais enfin vous vous habillez pour aller dîner chez les autres.
Concierge:	Mais je ne vais jamais dîner chez les autres.
Paloma:	Pourquoi?
Concierge:	Parce que je pense que ce n'est pas une bonne chose.
Paloma:	On peut savoir à quoi vous jouez?
Concierge:	Je joue à rien du tout. Je crains d'être un peu… sauvage.
Paloma:	Plus tard, je serai concierge.
Maman:	C'est une très bonne idée, ma chérie.
Papa:	Et si nous pouvons faire quoi que ce soit pour t'accompagner dans cette démarche, tu sais que nous sommes là pour t'aider, n'est-ce pas ma chérie?
Maman:	Tout à fait.

2. Dressez une liste des termes importants de la bande-annonce. On peut faire cet exercice comme remue-méninges au tableau (en équipes) ou comparer les listes et discuter les sélections en petits groupes.

3. Après avoir vu cette bande-annonce, est-ce que vous avez envie de voir ce film?

4. Paloma compare Mme Michel à un petit hérisson. Qu'est-ce qu'elle suggère comme raisons?

5. Connaissez-vous quelqu'un qui soit comme un petit hérisson? De quelle façon? Est-ce que vous considérez cette personne comme ami(e)? Expliquez votre réponse.

Pendant le visionnement

Notez les points suivants (afin de préparer la discussion du film):

personnages principaux

personnages secondaires

lieu principal de l'action

thèmes principaux

événements principaux (essayer d'en nommer moins de 5)

routines quotidiennes de la concierge et de Paloma

Après le visionnement

Questions à discuter

1. Comme devoir à rendre en classe le lendemain: Faites un synopsis du film que vous allez partager en classe.

   [En classe: en petits groupes combinez ces synopsis afin de créer un synopsis "idéal" que votre groupe va soit rendre, soit partager en classe (au tableau noir / blanc ou SmartBoard)]
2. Commentez la journée typique de la concierge. Quelle est sa routine quotidienne?
3. Quel est le rôle typique d'une concierge dans son immeuble selon le film? De quelles façons est-ce que Mme Michel exemplifie ce statut? De quelles façons est-ce qu'elle ne se conforme pas au rôle stéréotype de concierge?
4. Expliquez et comparez les bonnes cachettes des personnages principaux.
5. Expliquez ce que répète Mme Michel quand elle rencontre un habitant de l'immeuble à l'extérieur du bâtiment: «Elle ne m'a pas reconnue. Elle ne m'a pas reconnue». Vous souvenez-vous de la réponse de M. Ozu? Que pensez-vous de cet échange?
6. Analysez les relations de famille telles qu'elles sont représentées dans ce film.
7. Commentez le rôle de l'amitié et de l'amour dans ce film.
8. Analysez le rôle des différences (d'âge, de statut social, de culture, de désir) dans ce film.
9. Expliquez la raison pour laquelle Paloma décide de ne pas se suicider.

Les Personnages du film

1. Décrivez la personne que vous admirez le plus dans ce film. Décrivez les qualités qui vous ont touché(e) le plus.
2. Décrivez les relations entre une personne âgée et une personne jeune dans ce film. Est-ce une relation inattendue? Avez-vous une telle relation dans votre vie?
3. En petits groupes: indiquez la situation sociale, les relations avec d'autres personnages, l'héritage culturel et les désirs et aspirations des personnages suivants: Renée Michel, Paloma Josse, M. Ozu, Solange Josse, Colombe Josse. Partagez ce que vous découvrez.
4. Pour un niveau plus avancé: analysez l'évolution des personnages principaux. N'oubliez pas de mentionner des causes de cette évolution.
5. Commentez le rôle du hasard dans ce film, par exemple l'entrée de M. Ozu et ce qui s'ensuit.
6. De même, commentez le rôle de la mort dans ce film.

Exercices par rapport à un synopsis du film

Raquel Boullosa écrit le synopsis suivant du film:

QUI? Paloma, une petite fille de 11 ans et Madame Michel, une concierge parisienne solitaire et triste.

OÙ? Paris, pour être plus précis, dans un immeuble de familles riches.

QUOI? Paloma veut se suicider, et en même temps, elle établit une grande amitié avec la concierge et aussi avec monsieur Kakuro Ozu.

COMMENT?: Paloma veut prendre les médicaments de sa mère, et pendant le film, nous voyons qu'elle les garde dans une boîte.

POURQUOI? Parce qu'elle croit que sa vie est absurde.

[http://francesginerrios.blogspot.com/2012/01/le-herisson-un-nouveau-regard.html]

1. Selon vous, qu'est-ce qui manque à ce synopsis du film? Qu'ajouteriez-vous?
2. Est-ce que ce synopsis représente bien la conclusion du film? Si non, que faudrait-il ajouter?
3. Commentez les complications qui pourraient changer la situation finale.

Chronologie

Rétablissez la chronologie des scènes du film en les numérotant de 1 à 7, puis partagez vos réponses avec la classe ou avec un(e) camarade de classe et ajoutez quelques détails pour chaque scène.

______ Les parents de Paloma l'encouragent à devenir concierge.

______M. Ozu achète un appartement.

______M. Ozu entre dans une ambulance.

______Mme Michel va chez le coiffeur.

______Paloma découvre la cachette de Mme Michel.

______M. Ozu fête son anniversaire dans un restaurant japonais.

______Mme Michel reçoit un foulard et une robe comme cadeau.

Présentations orales / Exposés

Chaque étudiant fera une présentation orale en français qui sera basée sur ses propres recherches. Les sujets possibles comprennent: le roman de Barbery; les acteurs principaux (et quelques rôles principaux qu'ils ont joués); comparaison avec un film avec de mêmes thèmes principaux; l'artiste principale du film (celle qui a fait tous les dessins); le rôle de l'art dans le film; le quartier de l'immeuble; un entretien, soit avec Mona Achache, soit avec Muriel Barbery.

Essais

1. Écrivez un compte rendu du film en vous inspirant d' indications données en classe et d' exemples tirés des journaux.
2. Comparez ce film à un autre film (français, francophone, américain, etc.) où un personnage principal meurt.
3. Choisissez un des personnages principaux qui figure dans ce film et faites-en le portrait.
4. Analysez l'importance de l'art dans ce film (et dans la vie). Quels formes voyons-nous: arts plastiques, littérature, film, musique, dessins de Paloma, décor, etc.? Quelle est sa fonction dans ce film? Qu'est-ce que l'art permet dans ce film?
5. Analysez cette citation par rapport au film: «Toutes les familles heureuses se ressemblent, les familles malheureuses le sont chacune à leur façon». [Il s'agit d'une citation adaptée par Barbery du roman *Anna Karenine* de Tolstoy.]
6. Analysez les différentes représentations de ce qui constitue une famille dans ce film.
7. Analysez la métaphore du hérisson par rapport à plusieurs personnages dans ce film.
8. Analysez le rôle de la caméra dans ce film et dans la vie de Paloma. Commentez l'évolution de celle-ci par rapport à son emploi de la caméra.

Approches

1. Thématiques: La sagesse d'un enfant et ce qu'il peut apprendre en cherchant à comprendre un adulte. Le rôle de l'amitié. Le rôle de l'amour. L'effet que l'inattendu pourrait avoir sur une vie. L'importance de l'art et de l'imagination.
2. Culturelles: Analysez les différences de classe / statut social et les différences entre pays.

Réflexion personnelle

Ce film m'a attirée à cause de son charme combiné avec un message universel sur la nature humaine et ce qui est le plus important dans cette vie si temporelle. La beauté existe dans nous tous. L'amour et l'amitié attendent ceux qui sont capables de voir la beauté à l'intérieur d'un petit hérisson et peuvent apprécier l'art, qu'ils soient jeunes ou vieux. En outre, le film m'a fait penser au film *Bridge to Terabithia.* Les deux films montrent l'importance de l'esprit d'un enfant et l'importance de respecter nos enfants. Et, enfin, l'aspect artistique de ce film est tout à fait original.

Bibliographie

Barbery, Muriel. *L'Élégance du hérisson*. Paris: Gallimard, 2006. Print.

Ressources

[www.allocine.fr/film/fichefilm_gen_cfilm=135234.html]

[www.allocine.fr/video/player_gen_cmedia=18895579&cfilm=135234.html] (bande annonce)

[http://fr.wikipedia.org/wiki/Le_H%C3%A9risson_%28film%29]

[http://francesginerrios.blogspot.com/2012/01/le-herisson-un-nouveau-regard.html]

[www.imdb.com/title/tt1442519]

[www.institutfrancais.de/cinefete/IMG/pdf/CINEFETE12_Dossier_Le-Herisson.pdf]

[www.weekvandefransefilm.org/uploads/pedagogische_fiches/Herisson/herisson_fiche.doc]

[http://filmfra.com/herisson.htm]

12
Panique au village

Jessica Sertling Miller
University of Wisconsin-Eau Claire

Titre: Panique au Village
Réalisateurs: Stéphane Aubier et Vincent Patar
Acteurs principaux: Vincent Patar (Cheval), Stéphane Aubier (Cowboy), Bouli Lanners (Facteur), Bruce Ellison (Indien), Benoît Poelvoorde (Steven), Jeanne Balibar (Mme Longrée)
Date de la sortie du film: 28 octobre 2009
Genre: Comédie, animation
Distinctions principales: Magritte du cinéma (Belgique): Meilleur son, Meilleurs décors; Valois de la mise en scène au Festival du film francophone d'Angoulême (France); Nomination au César du meilleur film étranger (France)
Introduction

Les activités proposées ici ont été développées en gardant à l'esprit les directives nationales. Elles tentent de varier les modes de communication et contiennent des suggestions pour s'adapter à différents niveaux ciblés: Novice, Intermédiaire, Avancé, Supérieur.

Vocabulaire

Langage neutre

arc (n.m.)	bow
au secours!	help!
à toi	your turn
barbecue (n.m.)	barbecue grill
cadeau (n.m.)	gift
ça peut aller	I'm not doing too bad
carabine (n.f.)	hunting rifle
casquette (n.f.)	cap
commande en ligne (n.f.)	on-line order
conservatoire (n.m.)	music school, conservatory
croquette (n.f.)	small Belgian savory deep-fried cake or ball
flèche (n.f.)	arrow
facteur (n.m.)	mailman
gaufre (n.f.)	waffle
gendarme (n.m.)	police officer
manette (n.f.)	lever, handle, controller
mare (n.f.)	pond
on aurait mieux fait de lui acheter…	we should have bought him…
qu'est-ce qu'il y a?	what's the matter?
trappe (n.f.)	trap door
s'écrouler	to collapse
voleur (n.m.)	thief
vous m'avez bien eu	you fooled me

Panique au village

Langage familier (français oral, pas vulgaire)

au boulot!	get to work!
bagnole (n.f.)	my car/my ride
baraque (n.f.)	my house, my crib
ça pue	it smells bad/it stinks
c'est pas trop tôt	it's about time
il fait plus le malin	he's not acting like a smart-ass anymore
j'en ai marre	I'm fed up with this
on caille	we are freezing our butts off
t'inquiète	don't sweat it
tu déconnes	you're kidding
truc (n.m.)	thing

Langage très familier (un peu vulgaire)

c'est dégueulasse	it's gross, filthy, disgusting
foutez pas le bordel	don't make a freaking mess
tirez-vous	get the hell out of here

FICHE PÉDAGOGIQUE

Avant le visionnement

Activité 1: L'Affiche (20 minutes)

Modes de communication: interpersonnel, interprétation, présentation

La classe observe attentivement l'affiche du film *Panique au Village*. Les apprenants essayent de deviner ce que les personnages pensent. En outre, on peut ouvrir une discussion sur le langage familier: dans quels contextes utilise-t-on des tournures soutenues, familières ou vulgaires? Les apprenants utilisent le vocabulaire ci-dessus pour imaginer un mot ou phrase simple (novice), une question (intermédiaire) ou une phrase complexe (avancé) à associer à chaque figurine sur l'affiche, y compris les animaux. Ensuite, les élèves échangent leurs idées à l'écrit ou à l'oral. Enfin, on choisit les plus drôles qu'on peut accoler sur une affiche imprimée au mur de la classe.

Activité 2: Mes jouets (20 minutes)

Modes de communication: interpersonnel, présentation

Les apprenants sont invités à penser à des jouets chers à leur enfance qui pourraient devenir les protagonistes d'une histoire. Individuellement, ils imaginent ce qui se passerait si trois jouets à eux habitaient ensemble. Lequel serait le héros? Lequel créerait des problèmes? Quel registre de langue utiliseraient-ils? Après une courte réflexion, les élèves ébauchent une simple affiche mettant en scène leurs personnages en utilisant au moins trois mots du vocabulaire, puis ils présentent leur affiche à la classe.

Activité 3: La Belgique (30 minutes)

Modes: interpersonnel, interprétation, présentation

L'enseignant indique que le film a été produit en Belgique, et que la Belgique a une excellente réputation dans le domaine des arts et de l'illustration. Cette discussion peut s'accompagner d'un remue-méninges sur la Belgique, de supports visuels tels qu'une carte de la Belgique, des photos de paysages belges, de Belges célèbres (Stromae, Jacques Brel, la famille royale), de plats belges (les frites, les croquettes, les gaufres) ainsi que des images de bandes dessinées (Tintin, les Schtroumpfs) ou de tableaux de René Magritte. On peut ajouter des explications sur les variétés régionales, plus ou moins détaillées selon les intérêts et objectifs de l'enseignant: on dit «septante» en Belgique plutôt que «soixante-dix», les consonnes sonores finales peuvent s'assourdir, etc. Les élèves peuvent relever des différences similaires dans le monde anglophone pour mieux comprendre ces variations. Ensuite, ils répondent à des questions de discussion plus personnelles avant de faire des recherches à la maison sur une autre région francophone et ses spécificités géographiques, artistiques, culinaires, et linguistiques.

Novice

1. Quelle célébrité trouvez-vous intéressante?
2. Quel plat voudriez-vous goûter?

Intermédiaire

1. Quelle célébrité trouvez-vous intéressante? Pourquoi?
2. Comment sont faites les croquettes, à votre avis?

Avancé

1. Quel personnage de BD belge trouvez-vous intéressant? Expliquez en donnant une description détaillée de son physique et de sa personnalité en un long paragraphe.
2. Imaginez un voyage en Belgique que vous ferez bientôt. Racontez en utilisant le futur.

Supérieur

Actuellement, les crises budgétaires forcent les gouvernements à réduire leur soutien financier dans les domaines de l'art. Quels seraient les impacts sur la société s'il ne restait plus aucun financement d'initiatives artistiques?

Pendant le visionnement

Activité 4: Biographies (20 minutes)

Modes de communication: interpersonnel, interprétation, présentation

Pendant le film les apprenants prennent des notes sur le physique et la personnalité de trois personnages de leur choix: un personnage principal (Cheval, Cowboy ou Indien) et deux personnages secondaires (Madame Longrée, Steven, Janine ou Gendarme). Après le film, ils complètent une fiche biographique à partir de leurs notes et de leur imagination. Ils comparent avec les fiches des autres ou celles fournies par les auteurs du film sur le site Web officiel. Enfin, ils peuvent créer une fiche pour se décrire personnellement et pour un de leurs jouets d'enfance (voir activité 2). Le modèle de fiche novice est fourni ci-dessous. Au niveau Intermédiaire, on peut demander de répondre en phrases complètes et ajouter «Question existentielle». Au niveau avancé, on ajoute à tout cela «Sa plus grande aventure» et les apprenants racontent une histoire au passé. Un format type passeport ou carte d'identité peut être utilisé.

Photo	Lieu de résidence
	Qualité
Nom	Défaut
Nationalité	

Panique au village

Activité 5: Loto loufoque (10 minutes)

Modes de communication: interprétation

L'humour de ce film vient en partie du mélange d'événements loufoques avec ceux de la vie quotidienne. Pendant le film les apprenants peuvent identifier autant d'éléments loufoques (grille 1) que d'éléments banals (grille 2) pour pouvoir en discuter plus tard. Qui en repèrera le plus?

Grille 1

une boîte contenant un objet énorme	une brosse à dents automatique	un filet qui met les gens en prison
un piano en forme de haricot	une figurine aplatie par une porte	une partie de carte pendant une longue chute
un distributeur de gaufres	une opération chirurgicale sur un tracteur	des flammes qui passent par le téléphone
un poisson scie qui scie	une maison qui explose sous l'eau	des vaches en parachute

Grille 2

des outils dans un sous-sol	un cheval qui dort debout	des tasses de café sur le bureau de scientifiques
un portrait de Mozart au conservatoire	un parapluie pour se protéger de la pluie	un portefeuille avec un ticket de bus
une chambre en désordre	un mouchoir en tissu pour se moucher	du café et du Nutella au petit-déjeuner
un facteur à vélo	une fête d'anniversaire surprise	des animaux qui dorment dans la grange

Activité 6: Adulte ou enfant? (20 minutes)

Modes de communication: interpersonnel, interprétation, présentation

Certains jouets se comportent comme des enfants et d'autres comme des adultes. Par exemple, qu'est-ce qui indique que Cowboy et Indien sont des enfants alors que Cheval est un adulte? Les apprenants peuvent faire une liste en regardant le film. Après le film, ils comparent en petits groupes et présentent leurs arguments à la classe. Enfin, on discute des différences et similitudes entre les comportements des adultes et des enfants entre les cultures.

Questions sur le film

Activité 7: Résumé (30 minutes)

Modes de communication: interpersonnel, interprétation, présentation

Les questions suivantes aident les apprenants à construire un résumé du film et à donner leur avis. Cette activité peut se faire à l'écrit dans un premier temps, puis à l'oral une fois que les détails de vocabulaire et de grammaire auront été peaufinés. Au niveau avancé, les étudiants ont besoin de produire des paragraphes connectés de façon cohérente. Il est souhaitable de leur fournir une liste de mots de liaison.

Novice

1. Comment est le village?
2. Qui sont les habitants du village?
3. Qu'est-ce qu'ils font?
4. Qu'est-ce qu'il y a dans la maison de cheval?
5. Où vont les personnages quand ils sortent du village?
6. Qu'est-ce qu'ils cherchent?
7. Est-ce qu'ils trouvent ce qu'ils cherchent?
8. Quelles sont les activités pendant la fête d'anniversaire à la fin?
9. Avez-vous trouvé ce film intéressant?

Intermédiaire

1. Décrivez le village et ses habitants avec autant de détails que possible.
2. Pourquoi est-ce qu'Indien commande des briques, et quel est le problème?
3. À votre avis, qui sont les scientifiques et qu'est-ce qu'ils font?
4. Comment est-ce que les personnages réussissent à s'échapper des scientifiques?
5. Quels moyens est-ce que Cheval et ses amis utilisent pour récupérer leur maison?
6. Qu'est-ce qui se passe à la fin?
7. Avez-vous trouvé ce film intéressant?
8. Pour quelles raisons est-ce que vous le recommanderiez ou le déconseilleriez à votre meilleur(e) ami(e)?

Avancé

Utilisez les questions suivantes pour produire un résumé détaillé du film, du début à la fin, en au moins deux paragraphes articulés logiquement. Ensuite, donnez votre opinion en un paragraphe qui doit découler du résumé avec cohérence.

1. Comment étaient le village et ses habitants au début du film?
2. Quel a été l'élément déclencheur de toutes ces aventures?
3. Pourquoi est-ce que les protagonistes ont quitté le village?
4. Où sont-ils allés?

5. À votre avis, qui étaient les scientifiques et qu'est-ce qu'ils faisaient?
6. Comment est-ce que les personnages ont réussi à s'échapper des scientifiques?
7. Quels moyens est-ce que Cheval et ses amis ont utilisés pour récupérer leur maison?
8. Qu'est-ce qui s'est passé à la fin?
9. Comparez l'évolution des personnages et du village entre le début et la fin.
10. Avez-vous trouvé ce film intéressant? Pourquoi?
11. Comparez-le à un autre film d'animation.
12. Pour quelles raisons est-ce que vous le recommanderiez ou le déconseilleriez à votre meilleur(e) ami(e)?

Après le visionnement

Activité 8: Opinions et hypothèses (30 minutes)

Modes de communication: interpersonnel, interprétation, présentation

On peut décider de pousser des apprenants avancés vers le niveau supérieur en les guidant à travers la formulation d'opinions et d'hypothèses. Voici deux thèmes liés au film sur lesquels les étudiants peuvent disserter à l'écrit puis à l'oral sous forme de débat. Ils répondent aux questions suivantes en donnant des arguments solides pour soutenir leurs opinions avec logique et cohérence.

1. Les prénoms des personnages secondaires, la plupart très classiques (Simon, Jacqueline, Janine, Gérard, Jean-Paul), peuvent paraître drôles pour des jouets que nommerait un enfant. Aujourd'hui, ce genre de prénom intemporel revient à la mode. À votre avis, quels sont les avantages et les inconvénients de donner un nom classique à un enfant? De donner un nom très rare? En France, les prénoms «Nutella» et «Fraise» ont récemment été rejetés par un officier d'état civil car ils lui paraissaient contraires à l'intérêt de l'enfant. Que pensez-vous de cette décision? Quelles seraient les conséquences sur la société américaine si le gouvernement régulait les noms donnés aux bébés?
2. Les créateurs de *Panique au Village*, Stéphane Aubier et Vincent Patar, ont voulu faire revivre les jouets de leur enfance à travers ce film. Ils ont imaginé leur vie à l'intérieur d'un vieux coffre à jouets dont les enfants d'aujourd'hui ne voudraient plus. Selon vous, les figurines de cowboys et d'indiens ont-ils encore leur place dans notre société? Certains pensent que les enfants passent trop de temps devant les écrans, et que ces activités sont néfastes à leur développement. Faut-il réintroduire les jouets du passé? À quoi ressemblerait la vie d'un enfant sans aucun accès aux écrans? Quel en serait l'impact sur son développement physique, mental, et social?

Activités suggérées

Activité 9: Jeux de rôle (15 minutes)

Modes de communication: interpersonnel, présentation

Les jeux de rôle peuvent prêter de l'authenticité aux activités pédagogiques. Voici quelques scénarios pour des niveaux différents.

Novice

1. Vous avez été engagé(e) comme baby-sitter et les parents vous demandent d'immerger leurs enfants dans la langue française. Utilisez les jouets de l'enfant pour recréer certaines scènes du film. Attention de choisir un passage avec un français adapté pour les petits. Mémorisez les phrases de votre choix et recréez l'ambiance du film.

2. Vous commandez un vêtement sur Internet à partir d'un site d'un grand magasin parisien. Quelles informations allez-vous devoir fournir? Quels mots allez-vous devoir reconnaître? Dressez une liste.

Intermédiaire

1. Vous interviewez les créateurs ou personnages de *Panique au Village.* Posez autant de questions que possible.
2. Vous commandez un vêtement sur Internet à partir d'un site d'un magasin parisien, mais il y a très peu de renseignements concernant les tailles, les couleurs, la livraison et les possibilités de remboursement. Contactez le magasin pour demander plus d'informations.

Avancé

1. Vous interviewez les créateurs de *Panique au Village* pour le journal de votre ville. Posez autant de questions que possible en français soutenu. Ensuite, vous interviewez les personnages de *Panique au Village* votre blog. Posez autant de questions que possible en français familier.
2. Vous commandez un vêtement sur Internet à partir d'un site d'un magasin parisien, mais quand vous ouvrez votre colis il y a un problème avec l'article. Contactez le magasin pour demander votre remboursement. Un partenaire jouera l'employé qui ne veut pas vous rembourser.

Projets suggérés

Activité 10: Ma BD (1 heure)

Modes de communication: interpersonnel, interprétation, présentation

Le visionnement du film *Panique au Village* peut être l'une des étapes d'un projet artistique complexe mais néanmoins ludique et éducatif: la création d'une œuvre audiovisuelle francophone. En groupes, les étudiants peuvent créer une BD basée sur leur vie ou sur un de leurs jouets d'enfance (voir activités plus haut). Selon les préférences, ils peuvent travailler soit sur papier, soit avec des programmes en ligne, soit dans un PowerPoint. La narration peut se faire lors d'une présentation en classe ou dans un enregistrement intégré à PowerPoint. Attention à bien choisir le registre langagier approprié. Si c'est possible, les œuvres visuelles peuvent être affichées en dehors de la classe (les couloirs de l'école, la bibliothèque municipale, un musée pour enfants) afin d'initier la communauté à l'art de la bande dessinée belge. Un partenariat avec une classe de japonais (projet parallèle sur le manga) pourrait s'avérer intéressant et attirer l'attention des communautés sur les programmes de langues étrangères.

Activité 11: Effets sonores (1 heure)

Modes de communication: interpersonnel, interprétation, présentation

Les apprenants peuvent proposer leur propre bruitage et doublage d'une scène courte, soit en lisant ou mémorisant certaines scènes, soit en créant un script original qui colle aux images. Un même scénario peut être réutilisé en variant les registres (du français le plus soutenu au plus familier). La scène est projetée en classe avec le son coupé pendant que les équipes font leur spectacle dans la langue cible. Les meilleurs remportent un Magritte du cinéma belge.

Essais

Activité 12: Rédaction (1 heure)

Modes de communication: interpersonnel, présentation

Une classe avancée peut utiliser les sujets ci-dessous pour pratiquer l'écrit à la maison et l'oral en classe, quand les réponses sont mises en commun.

Avancé

1. Racontez un anniversaire, réel ou imaginaire, qui ne s'est pas passé comme prévu. Donnez beaucoup de détails et utilisez les temps du passé.
2. Imaginez le village du film dans dix ans. Faites-en une description détaillée au futur et racontez un problème qui surgira.
3. Racontez une aventure mémorable que vous avez vécue dans votre ville natale.

Supérieur

1. Dans ce film, l'esprit d'équipe est essentiel pour se sortir des difficultés. Est-il crucial selon vous d'appartenir à une communauté pour vivre heureux? Argumentez.
2. Il est commun aujourd'hui d'avoir une voiture par personne, un tracteur par ferme, etc. Certains disent que c'est un avantage de la vie moderne, tandis que d'autres pensent que cela détruit les liens sociaux. Qu'en pensez-vous?
3. Malgré les bêtises de Cowboy et Indien, Cheval continue à leur donner son amitié. Peut-on tout pardonner à ses meilleurs amis ou à ses enfants? Débattez en proposant des arguments pour et contre. Enfin, défendez votre opinion personnelle.

Interrogations

Évaluer ce que les apprenants ont appris à partir de ce film dépend des objectifs de chaque enseignant. Un projet tel que celui de la BD (activité 10) a l'avantage de combiner l'écrit et l'oral. Pour une application plus authentique, on préfèrera un jeu de rôle (activité 9) avec une situation écrite (remplir une commande en ligne, envoyer une lettre de réclamation) et une orale (passer une commande, demander des détails, ou réclamer un remboursement par téléphone).

Réflexion personnelle

Farfelu et divertissant, *Panique au Village* est un film rassembleur. Premièrement, il fait rire jeunes et moins jeunes. Deuxièmement, les gags visuels aident les débutants à suivre l'intrigue tandis que le registre familier et les nuances de français belge permettent aux francophiles avérés de découvrir une nouvelle facette de la langue française. Son intrigue et ses personnages loufoques donnent accès à un univers créatif riche en diversité linguistique et culturelle. Les enseignants peuvent ainsi en tirer des exercices variés faisant appel à la fois aux facultés langagières et à l'imagination des apprenants.

Ressources

Site officiel du film: [www.paniqueauvillage.com/wp]

Fiche pédagogique irlandaise sur *Panique au Village* pour apprenants du français: [www.ifi.ie/downloads/a%20town%20called%20panic.pdf]

Caractéristiques du français en Belgique: [http://fr.wikipedia.org/wiki/Français_de_Belgique]

Des courts-métrages *Panique au Village* sont disponibles sur YouTube

Sites de création de BD: [www.bitstrips.com] [www.wittycomics.com] [www.superlame.com]

13
La Rafle

Dominique Thévenin
University of Wisconsin-Eau Claire

Le titre: La Rafle
Le metteur en scène: Roselyne Bosch
Les acteurs principaux: Gad Elmaleh (Schmuel Weismann), Raphaëlle Agogué (Sura Weismann), Hugo Leverdez (Jo Weismann enfant), Rebecca Marder (Rachelle Weismann) et Charlotte Driesen (Charlotte Weismann); Sylvie Testut (Bella Zygler), Salomé Sebbag (Louise Zygler), Olivier Cywie (Simon Zygler), Mathieu et Romain Di Concerto (Nono Zygler); Antoine Stip (Saul Traube), Anne Brochet (Dina Traube), Adèle Exarchopoulos (Anna Traube); Catherine Allégret (la concierge); Catherine Hosmalin (la boulangère); Mélanie Laurent (Annette Monod); Jean Reno (David Sheinbaum); Roland Copé (Maréchal Pétain); Jean-Michel Noirey (Pierre Laval); Frédéric Moulin (René Bousquet); Thierry Frémont (Capitaine des Pompiers)
Les dates de la sortie du film: 10 mars 2010 en France, Belgique, Suisse et au Luxembourg; en 2012 aux États-Unis
Le genre du film: drame
Les prix: En 2010: Prix de la Mémoire, Association de la Presse Étrangère; Prix du Sénat romain et du Public au Festival du film de Giffoni en Italie; Prix du public au Festival International du Film de Washington; Sélection officielle, au Festival du Film Francophone Cinemania, à Montréal; Sélection officielle au Festival international du Film de Haugesund en Norvège. En 2011: Prix du Public au Festival du Film Juif de New York; Prix du public au Festival International du Film d'Atlanta; Sélection officielle au Festival du Film de l'Alliance française, en Australie, catégorie «When cinema seizes History»

Vocabulaire

collaborateur (n.m.)	collaborator with the German enemy, hence traitor
désobéissance civile (n.f.)	civil disobedience, disregard for the law
gouvernement de Vichy (n.m.)	Vichy government, referring to the fact that Paris is no longer the official location of the government
ligne de démarcation (n.f.)	border between the occupied zone and the free zone
Occupation (n.f.)	German Occupation of France between 1940 and 1943-44
rafle (n.f.)	round-up, massive arrest
raflé (n.m.)	person who is arrested in a round-up
Vélodrome d'Hiver (Vel d'Hiv)	indoor stadium used for bicycle races, demolished in 1959
zone libre (n.f.)	free zone (South of the Loire river), not subjected to German Occupation until 1942
zone occupée (n.f.)	occupied zone (North of the Loire river), subjected to German occupation as early as 1940

FICHE PÉDAGOGIQUE

La chose indispensable à une bonne réception et compréhension du film est d'expliquer la situation historico-politique en France à l'époque décrite dans le film. Le document Annexe A le fait pour l'enseignant qui voudrait l'utiliser sous forme de cours magistral. Si on préfère, on peut demander à un ou plusieurs apprenants de présenter un exposé sur le sujet. On leur fournira alors une bibliographie. Il me paraît aussi nécessaire d'aborder la question de l'antisémitisme tel qu'il s'est manifesté de tout temps dans l'histoire mondiale et pas seulement en France. Peut-être peut-on même remonter assez loin dans le temps pour expliquer l'origine de certains préjugés contre les Juifs. Libre à chaque enseignant/e d'adapter cette introduction au niveau de ses étudiants. Finalement, il est primordial d'expliquer le sujet du film. On pourra une fois de plus demander à un ou deux volontaires de faire une présentation sur le sujet ou on pourra le leur expliquer comme je le propose ci-dessous.

La Rafle relate un épisode particulièrement douloureux de l'histoire française, trop longtemps passé sous silence et encore méconnu de beaucoup: la rafle du Vélodrome d'Hiver, ou Vel d'Hiv, qui désigne la plus grande arrestation en masse de Juifs par la police française, survenue les 16 et 17 juillet 1942. En 1995, à l'occasion du 53e anniversaire de l'événement, Jacques Chirac, le Président de la République à l'époque, fut le premier à reconnaître publiquement la responsabilité de la France: «La France, patrie des Lumières et des Droits de l'Homme, terre d'accueil et d'asile, la France, ce jour-là, accomplissait l'irréparable. Manquant à sa parole, elle livrait ses protégés à leurs bourreaux». Depuis, par repentance sans doute, cette rafle a fait couler beaucoup d'encre et a fait l'objet de nombreux films et documentaires, dont une dizaine pendant la dernière décennie (Nayak-Guercio 487). En quoi le film de Bosch est-il différent des autres et que peut-il offrir à un enseignant?

La Rafle, basée sur l'histoire réelle de Joseph Weismann, est le premier film qui est une reconstitution historique de l'événement. C'est aussi le seul film qui montre en détail le vélodrome de l'intérieur. Enfin, il insiste sur les terribles conditions de vie auxquelles les raflés ont été soumis pendant cinq jours et cinq nuits. Et comme la déportation des enfants n'avait pas réellement été au centre des films consacrés à l'arrestation et à la déportation des Juifs de France, Bosch a décidé d'adopter une optique différente de ses prédécesseurs en faisant un film «à hauteur d'enfant» dans lequel elle associe candeur et horreur. Forte de son expérience de journaliste d'investigation, Roselyne Bosch a effectué une minutieuse recherche sur la question et s'est assuré le concours de Serge Klarsfeld, avocat et historien qui a consacré sa vie au sujet de la déportation des Juifs et dont la réputation n'est plus à faire.

Pendant le visionnement

Souvent, pour gagner du temps, les enseignants demandent à leurs étudiants de regarder les films en dehors de la classe et de répondre ensuite à des questions de compréhension. Dans le cas d'un film aussi difficile que *La Rafle*, je tiens à être présente lors du visionnement pour expliquer et attirer l'attention. Je propose d'arrêter le film à plusieurs moments stratégiques qui correspondent aux différentes époques du film et de discuter sur le vif des scènes qui viennent d'être vues. Voici mes questions:

Avant la rafle: Pensez-vous que la paisible scène familiale que vous venez de voir soit réaliste? Expliquez! Qu'est-ce qui est cousu sur les vêtements de chaque personnage? Savez-vous ce qu'elle signifie?

Au début de la rafle: Les consignes suivantes sont données aux gendarmes: «Vous procéderez avec rapidité et sans paroles inutiles, le bien ou le mal-fondé de ces arrestations n'ayant pas à être discuté. Tout Israélite doit être conduit au centre de regroupement primaire quel que soit son état de santé ou son âge». Quelle est votre réaction? Si vous aviez été l'un de ces gendarmes, comment auriez-vous réagi? Auriez-vous suivi les ordres ou auriez-vous commis un acte de désobéissance civile?

Pendant la rafle: Croyez-vous que Roselyn Bosch ait eu raison de montrer la dureté des miliciens qui arrêtent les habitants de l'immeuble, ou a-t-elle trop insisté sur le côté mélodramatique? Pouvez-vous donner des exemples précis? Que pensez-vous de l'échange houleux entre la boulangère et un des badauds? En voici le texte: lorsque la boulangère remarque sur les Juifs, «Ah! Y font moins les fiers, pas vrai? On va enfin être chez nous », l'homme l'insulte et ajoute, «Qu'est-ce qui vous ont fait ces pauv' gosses? Et où qu'on les amène?», ce à quoi elle répond, «À Jérusalem»! On entend aussi une voix qui scande, «Dehors la vermine juive»!

Au vélodrome: Comment devons-nous interpréter les consignes reçues par Annette «de garder le silence sur ce qu'elle verrait, de ne pas se lier avec les internés et de garder ses distances»? Là encore, qu'auriez-vous fait à sa place?

Au camp de Beaune-la-Rolande: Que nous apprend la radio sur le sort des Juifs? Quel sentiment le docteur exprime-t-il quand il dit à un des officiers: «Niemals können Sie uns ganz auslöschen», c'est-à-dire, «Vous ne pourrez jamais nous anéantir complètement»? Que nous apprend le docteur qui vient soigner Annette sur la destination des Juifs?

Questions sur le film

L'Affiche

Décrivez-la précisément (les trois personnages au premier plan, le monument à l'arrière-plan, les objets sur la gauche, la croix en fond, les couleurs utilisées).

Le générique:

Quelles images voit-on? Pourquoi ces images sont-elles en noir et blanc? Pouvez-vous identifier la chanteuse qu'on entend? Que chante-t-elle?

Les Quatorze Chapitres (les chiffres romains désignent le numéro du chapitre)

I. Quel jour sommes-nous? Pourquoi le petit garçon, Jo, demande-t-il à son grand copain de l'accompagner à l'école? Que font les écoliers en arrivant à l'école? Que remarquez-vous sur la position des enseignants? Qui sont les deux personnages en habit dans la scène située à Vichy? De quoi s'entretiennent-ils?

II. De quoi discutent les trois hommes, un Français et deux Allemands? Chez les Weismann, qu'apprenons-nous sur le sort des Juifs? Qu'est-ce que la foule lit sur le mur dans la rue? Quel est le sujet de la discussion entre Pétain et Laval? De combien de Juifs les Allemands exigent-ils la déportation? S'agit-il de Juifs français ou étrangers? Comment finit la scène?

III. Selon vous, pourquoi les fonctionnaires en costume s'affairent-ils avec des fichiers? Que craint la famille Weismann? Que dit M. Weismann au sujet de la France? Qu'est-ce que la concierge propose de faire pour prévenir les habitants de l'immeuble du début de la rafle?

IV. Donnez des exemples de solidarité entre Juifs et non Juifs. Y a-t-il des moments d'horreur et de désespoir parmi les raflés? Comment est la musique choisie pour accompagner les Juifs dans la cour?

V. Comment les miliciens se comportent-ils dans les familles juives? Que dit-on aux Juifs d'emporter? Que se passera-t-il en cas d'évasion?

VI. Imaginez que vous êtes l'infirmière, Annette Monod, qui entre dans le vélodrome et décrivez ce que vous voyez, sentez et ressentez. Le docteur a-t-il suffisamment de personnel? Qu'est-il arrivé à la maman de Nono? Qu'est-ce qu'il attend avec impatience?

VII. Que montre l'évasion d'Anna Traube? Pourquoi M. Weismann ne pense-t-il pas qu'on veuille leur faire du mal? Où les hommes juifs pensent-ils être envoyés?

VIII. Décrivez la scène avec les pompiers: leur arrivée, l'autorité du capitaine, et ce qu'ils reçoivent des raflés. Pourquoi leur chef leur donne-t-il un jour de congé et un ticket de métro?

IX. De quoi le docteur se plaint-il aux Allemands qui arrivent dans le vélodrome? Qu'est-ce qu'ils lui répondent? Quel contraste remarquez-vous entre le plan montrant Hitler et son entourage et le plan suivant dans le vélodrome? Pourquoi Annette se met-elle en colère contre le militaire qui est de service au vélodrome? Dans quelle sorte de train les raflés sont-ils emmenés?

X. Après l'espace clos du vélodrome, où se retrouvent les raflés? Décrivez l'environnement! Où sont-ils logés? Donnez un exemple de la candeur des enfants.

XI. Que fait Annette pour améliorer les conditions de vie des Juifs enfermés dans le camp? Obtient-elle quelque chose? Pourquoi les enfants ne peuvent-ils pas être déportés avec leurs parents?

XII. Le matin du départ du camp, à quoi les femmes et les enfants doivent-ils se soumettre? La brutalité vous incommode-t-elle? Quelle dernière épreuve est imposée aux mères et à leurs enfants? En plus des soldats et policiers français, quels autres officiers, et ce pour la première fois dans le film, participent à cette scène?

XIII. Le spectateur ressent une certaine lassitude planant sur cette nouvelle scène. Pourquoi à votre avis? De quoi les Américains accusent-ils la France? Qu'est-ce que Jo réussit à faire? Cela vous semble-t-il vraisemblable?

XIV. Que révèle à Annette le médecin qui vient la soigner? Qu'en pensez-vous? Savez-vous à quoi a servi l'hôtel Lutétia à la fin de la guerre? Que cherchaient les gens qui s'y rendaient? Qui Annette y retrouve-t-elle? Que pensez-vous de ce dénouement heureux?

Après le visionnement

Plusieurs activités écrites et orales sont envisageables. En voici quelques-unes :

1. Deux ou trois apprenants feront une présentation orale en français qui sera basée sur une recherche personnelle et qui sera présentée sous forme de diaporama. Voici quelques sujets possibles: la carrière de Gad Elmaleh, la carrière de Jean Reno, celle de Mélanie Laurent ou de tout autre acteur dans un rôle important; Roselyne Bosch et ce qu'elle dit sur son film; la réception du film; le régime de Vichy et les lois antisémites qu'il a appliquées.

2. Les apprenants répondent à des questions qui testent leur compréhension générale du film et ce qu'ils ont ressenti en le regardant. Par exemple: Quelle est la situation politique en France au moment des événements? Qui gouverne? Quel type de gouvernement est-ce? La devise de la France est-elle toujours «Liberté, Égalité, Fraternité»? Avez-vous remarqué des différences d'opinion parmi la population française au sujet des Juifs? Si oui, lesquelles? Avez-vous été choqué(e) par certaines scènes? Lesquelles? Pourquoi?

3. Les apprenants font une recherche sur les critiques du film dans la presse française et les analysent. Ces critiques sont partagées. Tandis que certains louent l'utilité du film (*La Croix)*, son souci d'exactitude (*Le Point*), son approche des choses vues à hauteur d'enfant (*Le Figaro*), son ambition pédagogique (Télé 7 Jours), et qu'on lui consacre soit sa couverture (*Le Nouvel Observateur*) soit un long dossier (*Paris Match*), d'autres s'acharnent à le démolir. On lui reproche son côté tire-larmes (*Télérama*), ou on estime que c'est un film qui se regarde d'un oeil sec (*L'Express*). Le film est qualifié de naïf (*Le Monde*), amidonné (*Le Parisien*), maladroit, il a de trop nombreuses faiblesses (*Marianne*) et c'est une mauvaise leçon de cinéma (*Positif*).

4. Les apprenants écrivent leur propre critique de La rafle après avoir consulté un modèle [www.allocine.fr/film/fichefilm].

Essais

Chaque apprenant écrira un essai en français sur un sujet en rapport avec le film. L'essai variera en longueur selon qu'il constitue un travail parmi d'autres ou un travail unique de fin de semestre remplaçant par exemple un examen final. Dans ce cas, on pourrait envisager un travail comparant *La Rafle* à un des films sur le même sujet comme *Elle s'appelait Sarah, Un secret*, ou le plus ancien, *Au revoir les enfants.*

Approches

La Rafle est un film difficile et tragique (genre peu prisé par les étudiants). Je recommande donc de l'utiliser dans les cours de civilisation ou d'histoire récente, avec des étudiants qui sont en troisième ou quatrième année et qui pourront comprendre la portée historique. Les questions que j'ai fournies et le document annexe A favorisent une approche historique. D'autres approches possibles seraient la cinématographie du film et sa représentation du tragique, ou encore une approche thématique s'intéressant au contraste entre la candeur des enfants et l'horreur des événements.

Réflexion personnelle

J'ai choisi *La Rafle* parce qu'il est nécessaire que le vilain rôle joué par les Français dans la déportation des Juifs soit connu parce qu'il a été trop longtemps passé sous silence comme un épisode honteux que l'on voulait oublier. Notre rôle en tant qu'éducateur est d'informer et de ne rien omettre.

Bibliographie et Ressources

Berlière, Jean-Marc et Laurent Chabrun. *Les policiers français sous l'Occupation.* Paris: Perrin, 2001.

Bosch, Roselyne, réal. *La Rafle*. Réa. Gaumont, 2010.

Conan, Éric. *Sans oublier les enfants. Les camps de Pithiviers et Beaune-la-Rolande 19 juillet-16 septembre 1942.* Paris: Grasset, 1991.

Chirac, Jacques. «Commémoration de la grande rafle des 16 et 17 juillet 1942». Web [www.jacqueschirac-asso.fr/fr/les-grands-discours-de-jacques-chirac?post_id=2326]

De Gaulle, Charles. «Appel du 18 juin 1940: l'appel à la Résistance lancé par le général de Gaulle». Web. [www.charles-de-gaulle.org/pages/ l-homme/accueil/discours/pendant-la-guerre-1940-1946/appel-du-18-juin- 1940.php]

Ferro, Marc. *Pétain*. Paris: Fayard, 1987.

[www.histoiredesjuifs.com/articles.php?lng=fr&pg=427]

Laborie, Pierre. ---. *L'opinion française sous Vichy.* Paris: Seuil, 1990.

Nayak-Guercio, Aparna. "Ambiguous Identities: Myth and Self-Reinvention in *Un héros très discret.*" *The French Review*, 86. 3 (February 2012): 486-96.

Pétain, Philippe. Web [www.youtube.com/watch?v=s87CKB5E3SQ].

«*La Rafle*. Critiques presse». [www.allocine.fr/film/fichefilm-129166/critiques/presse].

«Rose Bosch, réalisatrice de *La Rafle*, parle sans détour! » *Les Années Laser*, 167 (septembre 2010). Web [www.annees-laser.com/magazine/mensuel/les-annees-laser-n167.html].

Annexe A

La Situation politique en France de 1936 à 1942

Après l'échec du Front populaire, gouvernement de gauche au pouvoir entre 1936 et 1938, les radicaux reviennent au pouvoir. Suite à l'Anschluss de 1938 qui voit l'annexion de l'Autriche par l'Allemagne, au démantèlement de la Tchécoslovaquie et à l'attaque de la Pologne par les troupes allemandes, la France et le Royaume-Uni lancent un ultimatum à l'Allemagne, dont le rejet entraîne la déclaration de guerre le 3 septembre 1939. S'ensuit ce qu'on appelle la drôle de guerre pendant laquelle rien ou presque rien ne se passe, jusqu'au 14 mai 1940, lorsque l'Allemagne commence son attaque et enfonce l'armée française en six semaines. Le 14 juin, les troupes allemandes entrent dans Paris. La débâcle est totale.

Le 16 mai 1940, le Maréchal Philippe Pétain, alors ambassadeur de France en Espagne, avait été contacté par Paul Reynaud, Président du Conseil, qui le convoquait d'urgence à Paris. Pétain, c'est le héros de Verdun et aussi «le chef confirmé qui avait su mettre fin aux mutineries, régénérer l'armée française, sauver le pays une première fois» (Ferro 9). Plus tard, il avait été appelé au gouvernement en 1934 au poste de ministre de la Guerre. Et puis, c'est le nom qui était apparu en tête d'un sondage de 1935—un des premiers dans l'histoire—sur les personnalités à appeler à la direction du pays en cas de péril. Reynaud a besoin du Maréchal pour trois raisons: «d'abord pour resserrer les rangs de la nation inquiète, surtout pour remonter le moral des Français, enfin pour renforcer sa propre image au Parlement» (Ferro 8). Confronté aux hésitations de son gouvernement sur la politique à suivre, soit cesser le combat, soit le continuer, et ne voulant pas porter la responsabilité de la décision, Paul Reynaud remet la démission de son cabinet au Président de la République qui charge immédiatement le Maréchal Pétain de former un nouveau gouvernement. Le 17 juin, le Maréchal s'adresse aux Français à la radio: «Je fais à la France le don de ma personne pour atténuer son malheur. [...] C'est le cœur serré que je vous dis aujourd'hui qu'il faut cesser le combat». Cette première allocution radiophonique du Maréchal a pour conséquence le célèbre appel du Général de Gaulle daté du 18 juin encourageant les Français à résister. Le 22 juin, l'armistice est signé à Rethondes, dans le wagon où l'armistice de 1918 avait été signé et le 25 juin, Pétain annonce les conditions sévères de l'armistice aux Français. Nous en retiendrons deux pour notre propos: «Une grande partie de notre territoire va être temporairement occupée [...] Du moins l'honneur est-il sauf [...] Le gouvernement reste libre, la France ne sera administrée que par des Français». La France est morcelée en plusieurs zones dont les deux plus importantes sont la zone occupée, au nord de la Loire, et la zone libre, au sud de la Loire, séparées par une ligne de démarcation.

La décision de Pétain de demander l'armistice est approuvée par une large majorité des Français dont environ un quart, soit entre 8 et 10 millions, vit le traumatisme de l'exode, un déplacement de la population du nord vers le sud, pour fuir l'invasion allemande. Quelles sont les caractéristiques du nouveau régime? Pétain a renvoyé le Président de la République et s'est arrogé le titre de Chef de l'État français. Il détient les pouvoirs exécutif, judiciaire et législatif et il a ajourné les deux chambres. Pétain n'a pas seulement mis fin à la République, il a instauré une dictature et n'hésitera pas à supprimer un à un les hommes-clés de son entourage. La devise républicaine française, «Liberté, Égalité, Fraternité» est abolie et devient «Travail, Famille, Patrie» et le buste de Marianne est remplacé par le portrait du Maréchal dans les mairies. Le programme de Vichy qui a pour nom la «Révolution nationale» prône des valeurs conservatrices.

Très rapidement, le Maréchal va révéler ses intentions xénophobes et antisémites. Le 4 octobre 1940, sans aucune pression allemande, puisque l'annonce officielle de la collaboration ne se fera que le 30 octobre, soit six jours après la rencontre entre Hitler et Pétain, la «Loi sur le statut des Juifs» à la rédaction de laquelle le Maréchal participe personnellement est mise en place. Son premier article définit le Juif selon des critères raciaux, tandis que les deuxième, quatrième et cinquième interdisent l'accès et l'exercice d'innombrables fonctions publiques et professions aux Juifs. Cette première loi sur le statut des Juifs sera remplacée le 2 juin 1941 par une loi encore plus draconienne puisque la liste des professions interdites s'allonge. Par la suite, on assiste à la mise en place de numerus clausus dans de nombreux domaines. De nombreuses autres lois vont suivre, ainsi que l'application d'ordonnances allemandes concernant la population juive de la zone occupée. La plus humiliante est sans doute l'ordonnance allemande du 28 mai 1942, obligeant les Juifs de la zone occupée à porter l'étoile jaune. Selon Laborie, «Jusqu'aux événements de 1942, globalement, les Juifs sont perçus comme une catégorie de réprouvés, une parmi d'autres, avec les communistes, les francs-maçons, les militants des organisations de gauche, les gaullistes, les étrangers suspects et autres éléments dénoncés par le régime» (*Opinion* 278). Ces événements de 1942 sont l'active participation de l'État français dans l'arrestation des Juifs dont l'exemple tristement célèbre de la rafle du vélodrome d'hiver.

14
La Fille du puisatier

Dolliann Hurtig
Louisiana Tech University

Le réalisateur: Daniel Auteuil (selon l'oeuvre de Marcel Pagnol)
Les acteurs: Daniel Auteuil : Pascal Amoretti (le puisatier), Kad Merad (Félipe Rambert), Astrid Bergès-Frisbey (Patricia Amoretti), Nicolas Duvauchelle (Jacques Mazel), Sabine Azéma (Mme Marie Mazel),Jean-Pierre Darroussin (M. André Mazel), Émilie Cazenave (Amanda Amoretti), Marie-Anne Chazel (Nathalie Amoretti)
Date de sortie du film: 20 avril 2011: Kino Lorber: Zack Film; Pathé Production
Le genre du film: Drame romantique
Les prix: [www.allocine.fr/film/fichefilm-146276/palmares/#]; COLCOA Film Festival 2012 (Édition #16): Mention spéciale du public; Toiles du Sud - Festival du Rocher de Cotignac 2011 (Édition n°5): nomination Trophées du film français 2012 (édition n°19): nomination

Vocabulaire

Le puisatier

cartouche (n.f.)	cartridge
creuser	to dig
mine (n.f.)	explosive, mine
pioche (n.f.)	shovel
puisatier (n.m.)	well-digger
puits (n.m.)	well
source (n.f.)	spring (water)

Le boutiquier

bazar (n.m.)	general store
boutiquier (n.m.)	store proprietor
vendre des outils	to sell tools

La blanchisseuse

blanchisseuse (n.f.)	laundry woman
linge (n.m.)	laundry
torchon (n.m.)	dish cloth

L'aviateur

acrobatie (n.f.)	stunt flying
garçonnière (n.f.)	bachelor pad
métingue (n.m.)	air show

Le soldat

front (n.m.)	battlefront
guerre (n.f.)	war
Maréchal Pétain	head of Vichy government
mobilisation générale (n.f.)	troop mobilization
permission (n.f.)	leave (mil.)

La famille et les conflits familiaux

adieu (n.m.)	good bye
bâtard (n.m.)	bastard
chantage (n.m.)	blackmail
déshonneur (n.m.)	dishonor
donner une gifle	to strike, to hit
endimanché(e) (adj.)	dressed in one's Sunday best
faire le péché	to make love without marriage
fille perdue (n.f.)	wayward daughter
garce (n.f.)	woman of ill-repute
honte (n.f.)	shame
lanterne rouge (n.f.)	red light (to signal a house of ill-repute)
mamours (n.m.pl.)	sweet talk
manigances (n.f.pl.)	maneuvers
marmaille (n.f.)	brood of children
mettre le chapeau	to wear a hat (so as not to appear poor)
mettre les gants blancs	to don white gloves
nom (n.m.)	surname
nom de la ville (n.m.)	fancy name (rich, not poor folk)
petit nom (n.m.)	first name
saloperie (n.f.)	dirty trick

Les mots provençaux

adessias	adieu, good-by peu-
chère	what a shame

La cuisine régionale

daube (n.f.)	Provençal braised beef stew
polenta (n.f.)	cooked cornmeal

FICHE PÉDAGOGIQUE

Suggestions d'activités pour renforcer le vocabulaire

Avant le visionnement

1. Passez l'interview avec Daniel Auteuil au sujet du film: [http://vimeo.com/21225834]

   Après avoir vu l'interview avec Daniel Auteuil

   Pourquoi est-ce que Daniel Auteuil voulait faire ce film puisqu'il admet tout de suite qu'il n'était pas question de rivaliser avec le génie de Marcel Pagnol (*La Fille du puisatier* [1940])?

2. Interviews de Daniel Auteuil et de Nicolas Pagnol

   Daniel Auteuil: «*La Fille du Puisatier*» (Interview exclusif) ... [www.youtube.com/watch?v=x-BEP1wYL3A]

   D'après Nicolas Pagnol, le petit-fils de Marcel Pagnol, pourquoi est-ce que la famille de Marcel Pagnol voulait que Daniel Auteuil fasse ce film?

3. Passez la bande annonce.

   a. Après avoir vu la bande annonce, est-ce que vous avez envie de voir le film *La Fille du puisatier*?

   b. Deux grands thèmes s'annoncent déjà dans le film, l'amour et la guerre. Est-ce que vous connaissez d'autres films qui abordent ces thèmes de l'amour et de la guerre? Pourriez-vous citer quelques exemples?

Recherche préliminaire

Utilisez les sites indiqués pour vous aider dans vos réponses.

1. La carte géographique: Où est la Provence? Nommez les départements qui la composent.

   [www.provenceweb.fr/f/region1.htm]

2. Le film a lieu aux environs de Salon-de-Provence: Comment était cette ville autrefois, à l'époque du film? Et comment est cette ville de nos jours?

   [www.salondeprovence.fr]

3. L'accent provençal. Écoutez parler les deux grands acteurs de l'époque de Pagnol, Raimu et Fernandel, dans la version originale du film. D'où vient le charme de cet accent?

   Vidéo: *La Fille du Puisatier* - Fernandel - YouTube [www.youtube.com/watch?v=qmVtJALuCLk]

   Pour en savoir plus au sujet de l'accent provençal, lisez l'article cité ci-dessous: «Terroir: Accent du Midi: avec ou sans? (*L'Express*)

   [www.lexpress.fr/informations/accent-du-midi-ave-ou-sans_642635.html]

4. Les lieux de tournage. Daniel Auteuil a tourné le film à différents endroits. Allez au site indiqué et découvrez ces lieux de tournage.

   [http://news.celemondo.com/2011/04/decouvrez-les-lieux-de-tournage-choisis-par-daniel-auteuil-pour-la-fille-du-puisatier]

5. Pascal Amoretti est un nom italien. Pourquoi pensez-vous que la famille Amoretti a décidé d'émigrer en France? Est-ce que la France avait besoin de main d'oeuvre après la Première Guerre mondiale? Pourquoi? Allez au site indiqué au-dessous pour vous renseigner.

   [www.approches.fr/IMG/File/Les_emigrations_italiennes.pdf]

Synopsis

Il était une fois un jeune homme très riche, Jacques, qui avait rencontré une jeune fille très pauvre, Patricia, qui voulait traverser un ruisseau. Quoi de plus romantique! C'est le coup de foudre pour la jeune femme. Le jeune homme, pilote et officier dans l'armée, doit partir pour la guerre (1940). Sa mère, jalouse de la belle jeune fille, brûle la lettre qu'il lui a écrite en expliquant son départ soudain. Patricia se retrouve enceinte. Pascal, le père de Patricia, puisatier de métier et un brave homme, honnête et honorable, envoie sa fille chez sa tante parce que la famille de Jacques ne veut pas l'accepter à cause de sa position sociale.

Un autre puisatier et ami de la famille, Felipe, voudrait épouser la belle jeune fille, mais elle refuse parce qu'elle aime l'aviateur. Le puisatier part, lui aussi, pour la guerre. La famille de Jacques reçoit des nouvelles que l'avion de l'aviateur était tombé en flammes. La fille du puisatier accouche d'un enfant, un garçon. Son père, ravi, vient la chercher, et elle et son petit-fils chez la tante, et toute la famille se réconcilie. Par miracle, le jeune aviateur est vivant, s'étant extirpé de justesse de l'avion avec un parachute. Il se retrouve en Suisse. Il rentre et veut épouser la fille du puisatier parce qu'il est amoureux d'elle. Ses parents sont d'accord. Le bébé aura un père et une mère, et l'autre puisatier, Felipe, ami de la famille, qui, lui aussi, était rentré du Front, épouse Amanda, la sœur de la fille du puisatier. L'histoire se termine comme dans un conte de fées: «Ils vécurent heureux et eurent beaucoup d'enfants».

Pendant le visionnement

Ce film montre la France rurale d'avant-guerre (1940). Les étudiants vont prendre les notes pendant le visionnement pour en discuter après.

Après le visionnement

On va diviser la classe en équipes. Chaque équipe est chargée d'analyser deux chapitres et de les présenter aux autres membres de la classe. Les thèmes majeurs du film sont mis entre parenthèses ci-dessous.

1. La scène: Le paysage provençal

   Décrivez ce paysage. Comment est la musique? Est-ce qu'on a l'impression que le film va être plutôt triste et dramatique? (la Provence)

Traverser le ruisseau

2. La scène: La rencontre d'une princesse avec un prince?

   Le film va aborder le sujet de classe et des classes et du statut social. Le jeune homme est-il riche? Comment le savons-nous? Est-ce qu'il est en train de voler des poissons? La jeune fille est-elle pauvre? Comment le savons-nous? Qu'est-ce qu'elle dit à ce sujet? (la famille, la classe sociale)

3. La scène avec Felipe

   On creuse un puits. Explosion.

4. La scène avec Felipe et Pascal: Le pique-nique

   a. Quelles sont les spécialités culinaires servies à table? (la Provence)

   b. On discute du mariage à table. Pourquoi, d'après Pascal, est-ce qu'une fille doit attendre le mariage avant de dire son nom? Et pour un garçon, c'est pareil? (la famille, le mariage)

c. Pascal adore sa fille aînée? Comment le savons-nous? (l'amour paternel)

Questions

5. La scène: Traverser le ruisseau une deuxième fois

   Est-ce que la jeune fille donne son nom ou est-ce qu'elle reste anonyme pour le moment?

   Et le jeune homme? Dit-il son nom? Les deux jeunes gens révèlent leur classe sociale dans leurs propos. Comment? (la famille, la classe sociale)

6. La scène: Traverser le paysage provençal en moto

   On se sent libre sur la route en moto. Comment est-ce que le paysage provençal reflète la gaïeté de ce jeune couple? (la Provence, l'amour)

7. La scène brève dans le bazar des boutiquiers, les Mazel

   À quelle classe sociale est-ce qu'ils appartiennent? (la classe sociale)

8. La scène: Chez les Mazel

   Comment est l'appartement? Comment est la personnalité de Mme Mazel? Pour quelle raison est-ce qu'elle a une crise de nerfs? (la classe sociale, la famille)

9. La scène avec Pascal et Felipe: Après la journée de travail

   Ils rentrent à pied, tout en discutant le sujet du mariage de Patricia. Entre Felipe et Pascal, le mariage, est-ce une affaire à régler entre les hommes du même métier? (la classe sociale, la famille, le mariage)

Nouveau chapeau

10. La scène en famille: L'anniversaire de Patricia

    Quel cadeau est-ce que Pascal offre à sa fille qui fête ses 18 ans?

    Un chapeau est-il à la mode dans les années 1930, dans les années 1940 en France?

    Dans le film, est-ce qu'on paraît pauvre sans chapeau? (la classe sociale)

    Pourquoi est-ce que Patricia dit non à Felipe, à son invitation d'aller voir les aviateurs et, puis soudainement, change d'avis? (la famille, l'amour)

11. La scène avec les deux jeunes filles, Amanda et Patricia

    À quoi rêvent ces deux jeunes filles? Amanda avoue son amour pour Felipe pendant que Patricia pense à Jacques. Comment est-ce que la musique à la radio évoque une certaine nostalgie? (l'amour, le mariage)

12. La scène sur la route: Felipe et Patricia

    Comment est-ce que la musique à la radio ajoute à la gaîté de cette scène?

13. La scène: Spectacle aérien

    À part des acrobaties aériennes, on ne voit que les jolis chapeaux des dames.

Deuxième introduction

14. La scène: La présentation de Patricia à Jacques

    Jacques fait semblant de ne pas connaître Patricia. Dans quel but? (l'amour)

15. La scène: Le mensonge

    Jacques et Patricia deviennent complices. Jacques dit un mensonge pour avoir l'occasion de revoir Patricia en secret. Qu'est-ce qu'il invente? (l'amour)

16. La scène avec Felipe au café. Patricia laisse son chapeau à la table avant de partir pour «rendre visite à sa tante». Est-ce qu'elle laisse le chapeau au café pour «avoir l'air pauvre», comme disait Felipe, ou pour une autre raison? (l'amour, la classe sociale)

17. La scène: Rendez-vous avec Jacques. Jacques et Patricia sortent d'une pâtisserie, chez Lancret. Toutes les femmes portent des chapeaux, sauf Patricia. (l'amour)

18. La scène chez Jacques. Comment est l'intérieur de cette garçonnière? Est-ce que le décor montre que Jacques vient d'une bonne famille? Commentez. (la famille, la classe sociale)

19. La scène au café. Felipe boit trop. (l'amour, le mariage)

20. La scène à la garçonnière de Jacques.

    a. La séduction. Pourquoi est-ce que Jacques emmène Patricia chez lui? (l'amour)

    b. La séduction ratée. Quelle est la réaction de Patricia? (l'amour)

21. La scène au café. Felipe est ivre. Jacques arrive avec la moto. Il va conduire Patricia chez elle. Pourquoi est-ce que Felipe a trop bu? (l'amour, le mariage)

Preuve d'amour

22. La scène dans les champs. On voit la moto. Patricia a tout donné à Jacques. Est-ce que c'est une preuve d'amour ou «de faiblesse», comme elle dit? Pour quelle raison est-ce que Patricia pense que leur amour n'est pas possible? Jacques voudrait voir Patricia le lendemain. Ils fixent un rendez-vous à une chapelle isolée près du grand cyprès. (l'amour, la classe sociale)

23. La scène chez les Mazel. Pourquoi est-ce que Jacques donne la lettre destinée à Patricia à sa mère au lieu d'un autre aviateur, d'après vous? (la famille)

24. La scène à la chapelle près du grand cyprès. Patricia, solitaire, attend Jacques qui ne vient pas. La mère de Jacques arrive, et, en voyant la belle Patricia, brûle la lettre. Pourquoi, d'après vous? Ces deux figures solitaires qui ne se connaissent pas, se regardent brièvement. La guerre sépare les fils de leurs mères; la guerre sépare les jeunes amoureux. (la famille, l'amour maternel)

25. La scène chez les Mazel. On écoute la radio. Il s'agit de la mobilisation générale.

    M. Mazel s'intéresse à sa caisse. Comment le savons-nous? Quel est la réaction de Pascal aux propos de M. Mazel? (la classe sociale, la patrie)

Au Front

26. La scène au café de la gare. Felipe voudrait épouser Patricia, mais elle refuse sa demande. Pourquoi? (la famille, le mariage)

Enceinte

27. La scène à la maison familiale

Quel est l'aveu de Patricia? Comment est la réaction de son père? (la famille)

28. La scène chez les Mazel. Pascal emmène toutes ses filles chez les Mazel.

    Pascal vient défendre sa fille, sa princesse, qui est enceinte avec l'enfant de Jacques.

    Comment est la réaction des Mazel? Est-ce que les Mazel voudraient accepter Patricia comme belle-fille? Est-ce que Pascal rejette sa propre fille? (la famille, la classe sociale, l'amour paternel)

29. La scène d'adieu. Toute la famille dit adieu à Patricia

    a. Comment est-ce qu'on va expliquer le départ de Patricia chez sa tante Nathalie? Quel mensonge va-t-on dire? (l'amour paternel)

    b. Patricia prend le chemin où elle va retrouver le car qui l'emmène chez sa tante. Comment est-ce que la musique transmet les sentiments de cette scène? (la famille)

La Permission

30. La scène du retour de Felipe

    Pourquoi est-ce que Felipe a la permission de rentrer? Amanda est amoureuse de Felipe. Est-ce qu'elle a raison d'espérer? (la patrie, la famille, l'amour)

31. La scène: Le bazar des Mazel

    Qu'est-ce qui est arrivé à Jacques Mazel?

    Est-ce qu'il reste encore de l'espoir? (la patrie, la famille)

32. La scène dans le jardin de Pascal: Une conversation entre Pascal et Felipe

    Felipe propose d'emmener Amanda dans son automobile à la foire. Est-ce que c'est un mensonge? Où vont-ils? (la famille, l'amour)

33. La scène chez Pascal: Le retour de Felipe et d'Amanda

    a. Felipe a une bonne nouvelle à annoncer à Pascal. Laquelle?

    b. Comment s'appelle le nouveau-né, c'est-à-dire, quel est son nom de famille?

    Quelle est la réaction de Pascal? (l'amour paternel)

    c. Felipe demande la main de Patricia. Comment est-ce que Pascal réagit? (la famille, l'amour)

Le Fils

34. La scène chez Tante Nathalie.

    Pascal, endimanché, prend le car pour aller chez tante Nathalie.

    a. Pour quelle raison est-ce que Pascal prend le car?

    b. Que font les deux femmes pour gagner de l'argent?

    c. Quel est le souhait de Tante Nathalie pour sa nièce Patricia?

    d. Pascal a du mal à exprimer ses sentiments, mais il montre son amour paternel pour sa fille et pour son petit-fils. Comment? (la famille, l'amour paternel)

Tragédie

35. La scène en plein air, près d'un puits

    Patricia rentre à la maison familiale avec le bébé, André-Pascal Amoretti. Les Mazel arrivent.

    a. Quel est le but de la visite des Mazel?
    b. Quel est l'aveu de Mme Mazel au sujet de la lettre de Jacques destinée à Patricia?
    c. Comment est-ce que Patricia réagit à cet aveu?
    d. Est-ce que Pascal réagit de la même façon que Patricia? (la famille, la classe sociale, l'amour paternel)

36. La scène chez Pascal

    a. De quoi est-ce que Pascal a peur?
    b. Pour adopter un bébé en France de nos jours, est-ce qu'on doit avoir le consentement de la mère? Et en Amérique?
    c. Où va toute la famille de Pascal cet après-midi? (la famille)

Nouvelles de Jacques

37. La scène chez les Mazel

    Felipe a du mal à annoncer une grande nouvelle. Quelle est la bonne nouvelle?

    Comment est-ce que le couple Mazel réagit en entendant que Jacques est vivant? (la famille)

38. Patricia descend les escaliers, et elle voit Jacques qui est vivant et qui sourit.

    a. Décrivez leur rencontre. (L'amour)
    b. Comment est-ce que la musique transmet les sentiments de cette scène? (l'amour)

39. Pascal entre dans le bazar des Mazel avec ses cinq filles quelques instants après. Jacques est déjà monté. Patricia reste en bas. Pascal n'a qu'une pensée, récupérer son petit-fils. Où va-t-il? (la famille, l'amour du grand-père)

Une Demande en mariage

40. La scène chez Pascal: La demande en mariage

    a. Pourquoi est-ce que M. Mazel porte des gants blancs? (la classe sociale, le mariage)
    b. Est-ce que Jacques aime Patricia ou est-ce que ce mariage est une obligation pour lui? (l'amour, le mariage)
    c. Felipe demande à Jacques la main d'Amanda. Pourquoi est-ce qu'il n'a pas demandé à Pascal? (la famille, l'amour, le mariage)
    d. Deux soeurs. Deux mariages. Deux classes sociales différentes. Est-ce qu'on change facilement de classe sociale dans la France contemporaine? Et en Amérique? (la famille, la classe sociale, l'amour, le mariage)

Activités

Sketches

1. Conversation entre Amanda et Patricia en entendant la chanson favorite de leur mère.

   Les deux filles continuent leur conversation pendant que tout le monde dort paisiblement à l'intérieur. Patricia confie à Amanda qu'elle a eu le coup de foudre pour Jacques.

2. Conversation entre le couple Mazel après la visite de Pascal et ses six filles.

   Pascal vient de défendre sa fille chez les Mazel. Il part en disant «Bon appétit». L'ironie est évidente. Imaginez leur conversation à table.

3. Conversation avec Pascal et Felipe à l'extérieur du Bazar de M. Mazel, après avoir écouté le discours du Maréchal Pétain à la radio. Pascal et Felipe échangent leurs idées au sujet de la mobilisation générale. Pascal a déjà servi pendant la Grande Guerre. Felipe est prêt à servir son pays.

4. Conversation entre Amanda et Felipe.

   En rentrant de la Guerre, Felipe parle de tout et de rien avec Amanda dans l'automobile en route pour voir Patricia à Fuveau. Amanda déclare son amour pour Felipe. Imaginez leur conversation en route.

Compositions

1. Écrivez la lettre de Jacques à Patricia, celle que Madame Mazel a brûlée parce qu'elle voulait protéger son fils.
2. Écrivez une lettre que Felipe écrit à Pascal où il raconte son acte héroïque pendant la guerre.
3. Écrivez une lettre que M. Mazel écrit à son fils en lui racontant ce qui se passe tous les jours à Salon pendant son absence au Front.
4. Écrivez la lettre que Tante Nathalie écrit à son frère Pascal, celle qu'il a brûlée sans l'avoir lue.

Discussion générale

1. La bande-son. Discutez le rôle de la musique d'Alexandre Desplat dans le film.

   Par exemple, on entend quatre fois la chanson intitulée «Core n'grato». Quel est l'effet de cette chanson sur le spectateur?

2. Lisez l'article intitulé «One of Alexandre Desplat's most accessible dramatic works in years» et partagez vos idées avec les autres membres de la classe au sujet de la musique de ce compositeur.

   [www.maintitles.net/reviews/la-fille-du-puisatier]

3. Comment trouvez- vous l'accent provençal dans le film? Est-ce que vous le trouvez charmant?

   Écoutez l'accent provençal dans la version originale du film et commentez.

   [www.marcel-pagnol.com/film-la-fille-du-puisatier,21.html]

4. Dans le film, on a la mobilisation générale et l'Occupation. Jacques et Felipe partent pour la guerre. Et aujourd'hui en France? Est-ce que le service militaire est obligatoire? Est-ce que les jeunes français ont d'autres options pour servir leur pays?

5. La mode et le chapeau. Quel est la place du chapeau dans le film? Qui portent des chapeaux? Et quand? Et aujourd'hui? Quand est-ce que les femmes françaises portent des chapeaux aujourd'hui? Pour quelles occasions? Et les femmes américaines?

6. Est-ce que le titre, *La Fille du puisatier,* est le meilleur titre pour ce film, d'après vous? Pourriez-vous en suggérer d'autres?
7. Que pensez-vous du décor du film? Comment est-ce que le décor réfléchit la période historique du film?
8. Que signifie «être moderne» (l'expression de Pascal) dans le film? Est-ce que Pascal comprend la jeunesse ou, en d'autres termes, comment est-ce que le film dépeint le fossé entre les générations?

Projets de groupe et soirée provençale

1. Étudiez en petits groupes la traduction de cette chanson italienne. Comment est-ce que le thème de cette chanson, un cœur ingrat, va bien avec cette histoire d'amour?

   [www.lyricstranslate.com/en/core-039ngrato-ungrateful-heart.html]

2. Soirée provençale à la maison.

   Regardez la vidéo indiquée au sujet d'une recette pour la daube.

   Après avoir vu la recette pour la daube à l'ancienne, préparez une daube provençale chez vous avec vos camarades de classe. Bon appétit!

   [www.youtube.com/watch?v=L3Tmduq1AEk]

3. Après avoir consulté les sites indiqués, comment est-ce que ce film valorise les thèmes de travail, de la famille et de la patrie? Chaque équipe va examiner un thème différent.

   [www.cinehig.clionautes.org/hebergement/aubrac/histoire/vichy.htm] [www.marechal-petain.com/film/films1940/filledupuisatier.htm]

Citations (en ordre chronologique)

Qui dit quoi? Qui parle à qui? Et en quel contexte?

1. — Ce ruisseau est à vous ?

   — Ce sont les champs de mon père.

2. — C'est un trésor que le bon Dieu m'a donné … je l'aime autant qu'un garçon.
3. — Vous n'êtes pas fait pour ce milieu, ni pour ce chapeau.
4. — L'odeur du vent m'a fait tourner la tête; j'avais peur de tomber.

   — C'est une preuve d'amour ?

   — Ou de faiblesse.

5. — Quand je creuse des puits, je rencontre votre jolie figure, et que vous souriez sur mon travail.
6. — Tu as fait le péché? Je croyais que tu étais un ange.

   — Les anges ne sont pas sur la terre.

7. — Patricia est une princesse et votre fils est un prince.
8. — Ça sera un enfant sans nom. Ma fille est une fille perdue…et maintenant elle est perdue pour moi.
9. — On m'a dit que son avion est tombé derrière les lignes allemandes en flammes.
10. — Une motocyclette, ça n'a l'air de rien, mais ça peut porter le bonheur d'une famille.
11. —Il s'appelle Amoretti comme moi? Ça compte, le nom d'une femme?
12. —Tu prends la fille perdue et le bâtard?

    —Je prends tout le paquet.
13. —C'est une belle saleté d'avoir brûlé cette lettre; c'est la saloperie des boutiquiers.
14. — Avec quatre mots d'honnête homme, vous avez même fait briller les meubles.
15. —Jacques, un mariage, c'est un homme qui veut une femme…est-ce de l'amour ou de remords?
16. — Adieu, Amoretti. Bonjour, petit Mazel.

Projets

Présentations orales

1. La Provence, quelques villes et villages

   La Provence attire de nombreux touristes à cause du soleil, de la mer, de la nourriture et de l'accueil chaleureux de ses habitants. Cette histoire d'amour se passe aux alentours de la ville de Salon-de-Provence.

   En équipes de deux, faites des recherches sur une des villes suivantes et partagez ce que vous avez découvert avec les autres membres de la classe. Quelques sites utiles (les étudiants sont encouragés à trouver des vidéos, des articles) se trouvent après chaque ville.

   Salon de Provence: Mairie de Salon de Provence [www.salondeprovence.fr]

   Arles: [www.ville-arles.fr/Avignon], [www.avignon.fr]

   Aix-en-Provence: Mairie d'Aix-en-Provence [www.aixenprovence.fr], Aix en Provence et Pays d'Aix - Office de Tourisme—France [www.aixenprovencetourism.com]

   Marseille: Marseille. fr - Accueil [www.marseille.fr]; Office de Tourisme et des Congrès de Marseille, site officiel [www.marseille-tourisme.com]

   Aubagne (pays de Pagnol): Site officiel de la ville d'Aubagne [www.aubagne.fr]; site touristique du Pays d'Aubagne et de l'Étoile | Office de … [www.tourisme-paysdaubagne.fr]

   Le Luberon: [www.provenceguide.com/luberon-11-1.html]; Vacances dans le Luberon. L'Office de tourisme … [www.luberon-apt.fr]

   Île sur la Sorgue: Site officiel de la Mairie de l'Isle sur la Sorgue [www. islesurlasorgue.fr]; L'Isle sur la Sorgue - Vaucluse - Provence Web [www.provenceweb. fr/f/vaucluse/islesorg/islesorg.htm]

2. La Provence et ses artistes célèbres

   En équipes de deux, faites des recherches sur les artistes célèbres qui ont choisi cette région pour créer leurs tableaux (Cézanne, Matisse, Renoir, Picasso, Van Gogh, Signac, Marceau Constantin).

Chaque équipe va présenter un artiste.

Un site utile: [www.net-provence.com/artistes-provence.htm]

3. La Provence et ses écrivains (niveau universitaire)

   La Provence est le pays des écrivains célèbres: Giono, Mistral, Pagnol, Daudet

   Les étudiants vont présenter un écrivain (une présentation de 15 à 20 minutes en français)

   Les éléments de cette présentation:

   a. Une biographie
   b. Une analyse d'un extrait littéraire de cet écrivain
   c. Le Web: vidéo et audio

   Quelques sites utiles

   [www.centrejeangiono.com]

   [www.notreprovence.fr/ecrivain_mistral-frederic.php]

   [www.marcel-pagnol.com]

   [www.alphonsedaudet.org]

Essais (niveau universitaire)

1. Comment est-ce que le métier du puisatier a évolué au XXIe siècle?
2. La place des bazars dans la France contemporaine. Les petits commerces, ça marche toujours en France ou est-ce que les supermarchés vont faire disparaître les petits commerces?
3. Les classes sociales en France de nos jours. Est-ce qu'on reste dans la même classe sociale quand il s'agit de choisir un époux, une épouse? Comment est-ce que cette question de classe sociale, de standing social, domine le film? Et en Amérique? Épouser quelqu'un de la même classe sociale représente-t-il la norme?
4. Est-ce que la famille monoparentale, comme Pascal qui élève seul ses six filles, existe de plus en plus en France de nos jours? Et en Amérique?
5. Tracez l'origine des noms des personnages principaux dans ce film. Est-ce que le choix des noms convient à la narration? Comment?
6. Comment est-ce que Daniel Auteuil a respecté le texte de Pagnol en adaptant son œuvre au cinéma?

Réflexion personnelle

J'ai choisi ce film parce que j'adore les oeuvres de Marcel Pagnol. Je voulais voir comment Daniel Auteuil a adapté une oeuvre littéraire, *La Fille du puisatier,* au cinéma. C'est le premier film de Daniel Auteuil comme réalisateur, et j'ai trouvé ce film très beau. Tout dans le film respire la Provence d'autrefois.

Bibliographie

Castans, Raymond. *Il Était Une Fois… Marcel Pagnol.* Paris: Fallois, 1995. Print. Collection Fortunio.

La Fille Du Puisatier. Dir. Daniel Auteuil. 2011. Perf. Daniel Auteuil and Astrid Bergès- Frisbey. Kino Lorber, 2012. DVD.

La Fille du puisatier

La Fille Du Puisatier. Dir. Marcel Pagnol. 1940. Perf. Ramu and Fernandel. La Compagnie Méditerranéenne de Films, 2004. 2 DVD boxset.

Pagnol, Marcel. *La Fille Du Puisatier.* Paris: Fallois, 2005. Print. Collection Fortunio.

Ressources

Critiques

[www.imdb.com/title/tt1473063]

[www.allmovie.com/movie/the-well-diggers-daughter-v534803/review]

[www.rottentomatoes.com/m/the_well_diggers_daughter]

[www.hollywoodreporter.com/review/well-diggers-daughter-la-fille-182311]

[www.lemonde.fr/cinema/article/2011/04/19/l-univers-de-pagnol-revisite-par-daniel-auteuil_15098]

[www.critikat.com/actualite-cine/critique/la-fille-du-puisatier.html]

[www.allocine.fr/film/fichefilm-146276/critiques/spectateurs]

[www.cinemovies.fr/actu/la-fille-du-puisatier-de-daniel-auteuil-critique/1321]

[www.gala.fr/l_actu/news_de_stars/daniel_auteuil_sublime_la_fille_du_puisatier_226379]

[http://news.celemondo.com/2011/04/decouvrez-les-lieux-de-tournage-choisis-par-daniel-auteuil-pour-la-fille-du-puisatier]

[carottesetcinema.over-blog.fr/article-fille-puisatier-daniel-auteuil--2011-82366775.%20 html]

[www.lesinrocks.com/cinema/films-a-l-affiche/la-fille-du-puisatier]

[www.dvdclassik.com/critique/la-fille-du-puisatier-pagnol]

[http://deuxiemeguerremondia.forumactif.com/t11735-le-film-de-marcel-pagnol-la-fille-du-puisatier]

Entretiens

a. Daniel Auteuil: «Sa Gloire de père: un entretien avec Dany Jucaud»; le 26 avril 2011.

[www.parismatch.com/People/Cinema/Daniel-Auteuil-la-fille-du-puisatier-145657]

b. Daniel Auteuil: «La Concurrence, je m'en fous». Un entretien avec Eric Libiot.

[www. lexpress.fr/culture/cinema/daniel-auteuil-la-concurrence-je-m-en-fous_984519. html]

Sites officiels

[www.welldiggersdaughter.com]

[www.marcel-pagnol.com]

[www.marcel-pagnol.com/film-la-fille-du-puisatier, 21.html]

[www.marechal-petain.com/sommaire.htm]

Au sujet du gouvernement de Pétain

[http://suite101.fr/article/laccueil-cinematographique-de-marius-de-marcel-pagnol-a21688#.U7m7BEAlmkw]

15
Couleur de peau: Miel

Nathalie Degroult
Siena College (NY)

Le titre: Couleur de peau: Miel (Approved for Adoption)
Le metteur en scène: Jung et Laurent Boileau
Les acteurs: Jung; Les voix: Christelle Cornil (mère adoptive de Jung), Jean-Luc Couchard (père adoptif de Jung), Nathalie Homs (Bonne Maman), William Coryn (Jung adulte), Arthur Dubois (Jung à 8 ans), Aaricia Dubois (Coralie à 8 ans), Maxym Anciaux (Cédric à 8 ans) et d'autres
Les dates de la sortie du film: 6 juin 2012 (France), 13 juin (Belgique), 8 novembre 2013 (New York, NY)
Le genre du film: animation
Les prix: Festival international du film d'animation d'Annecy 2012: Prix du public et Prix Unicef; Festival du film de Turin 2012: Mention spéciale; Festival de films pour enfants de Montréal 2013: Grand prix et Prix INIS; Festival du film de jeunesse de Leeds 2013: Prix du jury; Animafest Zagreb 2013: Grand prix et Prix du public; Grand Prix dans la catégorie Film d'animation, 17e Japan Media Arts Festival

Synopsis du film

Couleur de peau: Miel est l'adaptation du roman graphique de Jung, un dessinateur belge d'origine coréenne qui fut adopté à l'âge de cinq ans par la famille Hénin. Dans ce récit autobiographique réalisé en collaboration avec Laurent Boileau, un spécialiste du documentaire, Jung revient sur certains moments clés: l'orphelinat en Corée du Sud, l'arrivée en Belgique, l'enfance, l'adolescence difficile, l'âge adulte et le voyage au pays natal. À travers l'histoire de Jung, le film parle de sujets pertinents tels que le déracinement, l'intégration, la mixité et le rôle de la famille dans la construction identitaire. Le mélange d'images réelles et dessinées rend cette animation visuellement intéressante.

Vocabulaire

(d') ailleurs	(from) elsewhere
bêtises (n.f.)	something stupid
bienveillant	friendly, kindly
billes (n.f.)	marbles
bleu (n.m.)	bruise
bulletin (scolaire) (n.m.)	report card
caractère (n.m)	personnality
chantage (n.m.)	blackmail
cicatrice (n.f.)	scar
combler un vide	to fill a void
crever un oeil à quelqu'un	to blind someone
déracinement (n.m.)	uprooting
dessinateur (n.m.)	cartoonist
héritage culturel (n.m.)	cultural heritage
famille nombreuse (n.f.)	large family
famille recomposée (n.f.)	blended family
fiston (n.m.)	son
langue maternelle	mother tongue
mentir	to lie
mère célibataire	single mother
métissage (n.f.)	race, cultural mix
métisse	someone of mixed race
orphelinat (n.m.)	orphanage
orphelin (n.m.)	orphan
peau (n.f.)	skin
pays d'adoption (n.m.)	adopted country
pays natal (n.m.)	home country
peureux/se	fearful
pourrie/e	rotten
racines (n.f.)	roots
ressembler	to look alike

Couleur de peau: Miel

s'adapter	to adjust	**Expressions**	
s'en foutre	to not care	Haut les mains!	Hands up!
se souvenir de	to remember	Il y a du pain sur la planche	There is work to be done
s'intégrer	to become integrated		
ticket-repas (n.m)	luncheon voucher	On va faire un tour	Let's go for a ride
tricher	to cheat		
vomir	to throw up, vomit		

FICHE PÉDAGOGIQUE

Avant le visionnement

1. Réfléchissez au mot «famille». Qu'évoque ce mot pour vous? Quels types de famille existe-t-il? Quel rôle la famille joue-t-elle dans la construction identitaire?
2. Quels souvenirs avez-vous de votre enfance? Quelles étaient vos activités favorites? Avec qui vous amusiez-vous? Comment vous entendiez-vous avec les membres de votre famille?
3. Qui étaient Harry et Berta Holt? Qu'est-ce que la Holt International? Quel rôle cette agence a-t-elle joué en Corée du Sud? Faites des recherches sur Internet pour répondre à ces questions.
4. Que savez-vous sur la guerre de Corée? En quelle année a-t-elle commencé? En quelle année s'est-elle terminée? Expliquez les causes et les conséquences de cette guerre.
5. Que savez-vous de la Belgique? Donnez quelques renseignements sur sa capitale, sa situation géographique, son système gouvernemental, sa population, sa culture.

Visionnement de la bande annonce [www.youtube.com/watch?v=ecSk8hijonc]

1. Comment s'appelle le personnage principal? Où est-il né? Où a-t-il émigré?
2. Quelles couleurs dominantes avez-vous remarquées?
3. Quel va être le ton de ce film?
4. À votre avis, quels seront les sujets traités dans ce film?

Pendant le visionnement

Questions de compréhension

1. Comment le film commence-t-il? Qui voit-on? Où sommes-nous?
2. Quelle est la profession de Jung? Où se trouve-t-il au début du film? Que lui est-il arrivé à l'âge de cinq ans?
3. Quels événements historiques sont mentionnés? Quel rapport ont-ils avec l'histoire personnelle de Jung?
4. En quelle année Jung arrive-t-il dans la famille Hénin? Comment est-il accueilli? Comment décrit-il son enfance dans sa nouvelle famille?
5. À qui Jung pense-t-il lorsqu'il est seul dans les champs? Qu'imagine-t-il? Quel talent possède-t-il déjà?
6. Quel nouveau membre de la famille apparaît? Comment Jung réagit-il? Pourquoi?
7. Comment s'entendent les frères et sœurs? À quoi jouent-ils ensemble?
8. Quel type d'élève Jung est-il? Pourquoi sa mère et son père se fâchent-t-ils chacun à leur tour?
9. Quelles bêtises Jung a-t-il faites pendant son enfance? Quelles punitions a-t-il reçues?

10. Que cherche-t-il à savoir pendant son voyage en Corée du Sud? Quelles réponses trouve-t-il?
11. Quel type de garçon Jung est-il devenu à 17ans? Avec qui passe-t-il la plupart de son temps? Comment est sa relation avec sa famille?
12. Pourquoi Jung décide-t-il de quitter sa famille? Chez qui part-il habiter? Quel est alors son état émotionnel?
13. De quels drames Jung parle-t-il vers la fin du film? Qu'est-il arrivé à Valérie?
14. Comment le film se termine-t-il? Qu'est-ce que Jung a finalement compris?

Citations. Lisez chaque citation suivante et indiquez qui l'a dite, à qui et expliquez-en l'importance.

Bonne Maman	Cédric	Coralie	Gaëlle
Jung	la mère	le père	Kim

1. «J'en ai assez. C'est toujours pareil. Il fait les bêtises et c'est moi qui doit trouver les excuses».
2. «Ah! Je suis désolée. J'oublie toujours ton petit Asiatique».
3. «Je passerai toujours pour un touriste où que j'aille».
4. «Tu n'es qu'un voleur et un menteur. Tu es une pomme pourrie».
5. «Moi, je pense que la plupart des enfants ont été abandonnés».
6. «Qu'est-ce que tu t'imagines? Qu'on est des étrangers»?
7. «C'est moi l'Asiatique de la famille».
8. «J'adore les bandes dessinées. Tu pourras me les montrer demain»?
9. «Alors comme cela tu me fuis? Je ne suis plus ta sœur»?
10. «C'est bien la première fois que je le vois pleurer comme cela».
11. «Je savais que j'avais une place dans la famille mais je ne savais pas que j'en avais une dans son coeur».

Après le visionnement

Le titre du film. Réfléchissez au titre du film. Comment interprétez-vous la différence entre le titre français (*Couleur de peau: Miel*) et le titre anglais (*Approved for Adoption*)? D'après vous, lequel est le plus juste? Pourquoi?

Analyse des personnages. Décrivez chaque personnage en donnant autant de détails que possible. Indiquez le type de relation qu'entretient chaque personnage avec Jung. Expliquez vos sentiments envers chaque personnage.

la mère adoptive ______________________________

le père adoptif ______________________________

Bonne Maman ______________________________

Catherine ______________________________

Cédric ______________________________

Coralie ______________________________

Couleur de peau: Miel

Gaëlle ____

Kim____

Minh ____

Valérie ____

Questions de discussion

1. Décrivez la relation entre Jung et sa mère adoptive, depuis son adoption jusqu'à son âge adulte. Et sa mère biologique? Quelle place tient-elle dans la vie de Jung? Parlez des sentiments que Jung exprime envers ses «deux» mères.
2. Que pensez-vous de l'utilisation d'images réelles et d'images dessinées dans le film? Qu'est-ce que cela ajoute (ou pas) à l'histoire?
3. Que pensez-vous des méthodes de discipline qu'utilisent les parents de Jung? Ont-ils raison ou tort? Auriez-vous choisi une méthode différente? Comment auriez-vous discipliné Jung?
4. Pourquoi Jung a-t-il rejeté pendant si longtemps ses racines coréennes? Que représentait la Corée pour lui? Pourquoi refusait-il d'être ami avec d'autres enfants coréens?
5. Comment le film aborde-t-il le sujet de la mixité?
6. Quel rôle le dessin a-t-il toujours joué dans la vie de Jung? Pensez à d'autres artistes qui ont utilisé leurs talents artistiques pour raconter leur propre histoire.
7. Quelle(s) scènes(s) avez-vous trouvée(s) intéressante(s), émouvante(s), drôle(s), triste(s)? Pourquoi?
8. Est-ce que ce film vous a affecté(e) personnellement? A-t-il changé votre point de vue sur l'adoption et les enfants adoptés? Vous a-t-il fait réfléchir sur vos propres racines?

Activités suggérées

Jeux de rôles. Les étudiants (en groupe de 2 ou 3) devront préparer un sujet spécifique, pratiquer leur sketch dans leur groupe puis le jouer devant la classe.

Sketch 1: Choisissez une scène du film et jouez-la en créant vos propres dialogues.

Sketch 2: Coralie et Cédric organisent une réunion de famille pour fêter les cinquante ans de mariage de leurs parents. Leurs enfants se remémorent leur enfance en parlant des bêtises qu'ils ont faites et les punitions qu'ils ont reçues.

Sketch 3: Jung rentre de Séoul et raconte son voyage à ses parents adoptifs. Ils sont très curieux et lui posent beaucoup de questions.

Présentations individuelles

1. Mes racines. Préparez un prezzi ou un power point dans lequel vous allez retracer votre héritage culturel. Parlez de votre famille et de vos ancêtres. D'où viennent-ils? Quelles langues parlaient-ils? Quand sont-ils arrivés aux États-Unis? Qu'est-ce que vos origines représentent pour vous? Quelles traditions votre famille célèbre-t-elle?
2. Le Japon. Pendant son adolescence Jung s'intéresse de façon presqu'obsessionnelle au Japon. Choisissez un aspect de la culture japonaise qui vous semble intéressant et organisez une présentation. Par exemple, vous pouvez discuter des monuments japonais célèbres, de l'art japonais, de la cuisine japonaise, des traditions et des fêtes japonaises, des sports japonais, etc.

3. Les orphelins coréens. En vous inspirant de l'histoire de Jung, faites des recherches sur les enfants coréens devenus orphelins à la fin de la guerre de Corée. Combien d'enfants ont été abandonnés? Pourquoi? Comment le processus d'adoption s'est-il mis en place? Dans quels pays ces enfants ont-ils été adoptés?

Projet de classe: une journée belge

En groupe de trois/ quatre élèves, vous allez faire des recherches sur un aspect spécifique de la Belgique et créer des posters en couleur pour notre exposition. Voici différents sujets possibles: l'Histoire de la Belgique (depuis sa création jusqu'à aujourd'hui), les personnages importants dans l'Histoire de la Belgique, la diversité linguistique de la Belgique, les Wallons et les Flamands, les sites touristiques belges, les spécialités culinaires belges, les chanteurs/euses belges (Jacques Brel, Annie Cordy, Lio, Stromae), le cinéma belge (les frères Dardenne, Cécile de France), René Magritte et le surréalisme, les écrivains belges (Georges Simenon, Amélie Nothomb), les dessinateurs belges (Hergé—Tintin, Franquin—Spirou, Peyo—Les Schtroumpfs), les sports populaires (Eddy Merckx).

Exploitations de documents authentiques

Activité 1: Regardez la vidéo de la chanson «L'enfant du bout du monde» (Gilbert Montagné, 1998) [www.youtube.com/watch?v=O2Jwg9nRaGc]. Que pensez-vous de cette chanson? Quelles émotions provoque-t-elle chez vous? Quels sont les deux personnages principaux de la chanson? Décrivez la vie de chaque personnage. Comment cette chanson s'applique-t-elle à l'histoire de Jung dans *Couleur de peau: Miel*?

Activité 2: Consultez le site du gouvernement français concernant les informations sur l'adoption d'un enfant [www.adoption.gouv.fr]. Comment l'adoption est-elle définie sur ce site? Quels sont les critères pour adopter un enfant? Pour les adoptions à l'étranger, consultez le document officiel de 2011: [www.diplomatie.gouv.fr/fr/IMG/pdf/12_Decembre_2011_cle417759.pdf]. Combien d'enfants ont-ils été adoptés par des familles françaises? De quel continent provient le plus grand nombre d'adoptions? Nommez quatre pays desquels un grand nombre d'enfants sont adoptés par des familles françaises? À quel âge les enfants sont ils majoritairement adoptés?

Activité 3: Regardez une ou deux bandes annonces de film français qui traitent de l'adoption, comme par exemple *Les Bêtises* (Rose et Alice Philipon, 2014), *100% Cachemire* (Valérie Lemercier, 2012), *Michou d'Auber* (Thomas Gilou, 2007), *Va, vis et deviens* (Radu Mihaileanu, 2005). Comment le thème de l'adoption est-il traité dans chaque bande annonce? Connaissez-vous des films américains qui parlent de l'adoption? Si oui, lesquels? Comparez le traitement du thème de l'adoption dans les films américains et français.

Essais

1. Une critique de film. Le ciné-club de votre école/ université va projeter *Couleur de peau: Miel.* On vous demande d'écrire une critique sur le film pour inciter les élèves/étudiants à visionner ce film. Expliquez pourquoi vous recommandez le film. Parlez de votre propre expérience filmique et des réactions/ émotions que vous avez ressenties en le voyant.

2. La lettre de Jung. Imaginez la lettre que Jung écrit à sa mère biologique. Que lui raconte-t-il sur sa vie, sur son séjour à l'orphelinat coréen, sur son enfance et adolescence en Belgique? Comment lui explique-t-il en particulier les difficultés d'identité qu'il a rencontrées en grandissant dans un pays européen? Que lui dit-il à propos de ses réussites et des leçons de vie qu'il a apprises?

3. Un(e) ami(e) adopté(e). Connaissez-vous une personne qui a été adoptée? Que savez-vous de son expérience? Dans quel pays est-il/elle né(e)? Comment s'est-il/elle adapté(e) à son nouvel environnement culturel/familial? Quels ont été les obstacles auxquels il/elle a été confronté(e)?

Réflexion personnelle

J'ai choisi ce film car l'histoire de Jung m'a beaucoup touchée. L'adoption, en particulier coréenne, est un thème délicat qui est rarement traité au cinéma. Cette animation belge où s'entremêlent images réelles et dessinées, reste accessible à un large public tout en s'interrogeant sur la question de l'identité, un sujet universel qui nous touche tous. Le contexte historique de la guerre de Corée et les spécificités culturelles belges enrichissent le film et permettent aux étudiants d'élargir leurs connaissances.

Ressources

AlloCiné [www.allocine.fr/film/fichefilm_gen_cfilm=190926.html]

Avoir à lire [www.avoir-alire.com/couleur-de-peau-miel-la-critique]

Ciné coulisses [www.cinecoulisses.fr/2012/06/critique-couleur-de-peau-miel]

Cinéma.ch [www.cinema.ch/fr/films/couleur-de-peau-miel.10171]

Cinergie (1) [www.cinergie.be/webzine/couleur_de_peau_miel]

Cinergie (2) [www.cinergie.be/webzine/couleur_de_peau_miel_de_jung_et_laurent_boileau]

Comme au cinéma [www.commeaucinema.com/film/couleur-de-peau-miel,183621]

Critikat [www.critikat.com/actualite-cine/critique/couleur-de-peau-miel.html]

Écran large [www.ecranlarge.com/films/863567-couleur-de-peau-miel/critiques]

Internet Movie database [www.imdb.com/title/tt1621766]

La Croix [www.la-croix.com/Culture/Cinema/Couleur-de-peau-miel-la-quete-identitaire-d-un-enfant-coreen-_NG_-2012-06-05-814774]

La Presse [www.lapresse.ca/cinema/201302/22/49-3802-couleur-de-peau-miel.php]

Le Monde [www.lemonde.fr/cinema/article/2012/06/05/couleur-de-peau-miel-sans-famille-a-seoul-en-famille-en-belgique_1713083_3476.html]

Le Point [www.lepoint.fr/cinema/couleur-de-peau-miel-moi-jung-enfant-coreen-adopte-05-06-2012-1469608_35.php]

L'Humanité [www.humanite.fr/culture/jung-%C2%AB-pas-aise-d%E2%80%99adopter-sa-famille-et-de-reconnaitre-sa-mere-%C2%BB-497974]

Quels films pour nos enfants? [www.filmspourenfants.net/video/couleurdepeaumiel.html]

Télérama.fr [www.telerama.fr/cinema/films/couleur-de-peau-miel,434186,critique.php]

16
Haute Cuisine

Joyce Beckwith
Wilmington High School (MA), retired

Titre original: Les Saveurs du Palais
Metteur en scène: Christian Vincent
Acteurs Principaux: Catherine Frot (Hortense Laborie), Jean Omesson (François Mitterrand), Arthur Dupont (Nicolas), Jean-Marc Roulot (M. Luchet), Brice Fournier (Pascal)
Date de sortie: septembre 2012
Genre: comédie dramatique
Inspiration: Danièle Mazet-Delpeuch, chef au Palais de l'Élysée de 1988 à 1990

Vocabulaire

battre au fouet	to whisk
bouchée (n.f)	mouthful
broche (n.f)	skewer
chair (n.f)	flesh
chasser	to hunt
cocotte (n.f)	baking dish, Dutch oven
crudité (n.f)	raw vegetable
dégustation (n.f)	tasting
émission (n.f)	television broadcast
engloutir	to swallow
étiquette (n.f)	label
exposition (n.f)	exhibit
farcir	to stuff
goûter	to taste
grotte (n.f)	cave
haute cuisine (n.f)	high quality cooking
mijoter	to simmer
noyer	to drown
ortolan (n.m)	small bird (endangered species)
palais (n.m)	palace, palate
raper	to grate
régime (n.m)	diet
sanglier (n.m)	wild boar
saupoudrer	to sprinkle
saveur (n.m)	taste, flavor
sobriquet (n.m)	nickname
truffe (n.f)	truffle
végétalien	vegan

Haute Cuisine

FICHE PÉDAGOGIQUE

Avant le visionnement

Activités orales en classe

1. Avez-vous déjà mangé dans un restaurant français? Si oui, lequel?
2. Avez-vous déjà préparé un repas français chez vous? Si oui, qu'est-ce que vous avez préparé?
3. Quelles spécialités gastronomiques connaissez-vous?
4. Qui fait la cuisine chez vous?
5. Aimez-vous faire la cuisine?
6. Quels plats préférez-vous?
7. Quelle est votre cuisine préférée? chinoise? mexicaine? italienne? d'autres?
8. Regardez-vous les émissions de cuisine à la télé? Si oui, lesquelles?
9. Avez-vous envie de suivre des cours de cuisine ou d'être accepté dans un programme culinaire? Si oui, lequel?
10. Avez-vous déjà travaillé dans un restaurant? Si oui, lequel? Qu'est-ce que vous avez fait comme boulot?
11. Quel est votre restaurant préféré? Où est-il situé? Qu'est-ce que vous commandez quand vous y allez?

Regardez la bande d'annonce de ce film en classe et répondez à ces questions.

1. Quel genre de film attendez-vous? Une comédie? Un drame? Une tragédie? Un documentaire? Un policier?
2. D'après ce que vous venez de voir, de quoi le film va-t-il parler?
3. Quels personnages joueront un rôle important dans ce film?

Synopsis

Hortense Laborie est une cuisinière réputée qui vit dans le Périgord où elle a fondé une école culinaire. À sa grande surprise, elle est recommandée pour un poste au Palais de l'Élysée où le Président de la République, François Mitterrand, la nomme responsable de ses repas personnels. Malgré la jalousie des autres chefs, elle s'impose avec son fort caractère et l'authenticité de sa cuisine traditionnelle qui séduit rapidement le Président. Elle réussit, mais dans les coulisses du pouvoir, elle doit faire face à plusieurs obstacles. Quand elle décide de quitter ce poste, elle passe quatorze mois comme cuisinière en Antarctique sur une base scientifique française avant de rentrer au Périgord. Le film, qui est inspiré de la vie de Danièle Mazet-Delpeuch, se compose de flash-backs qui racontent ses expériences au Palais de l'Élysée et en Antarctique.

Projets de Classe

Après le visionnement

En groupes de trois/quatre élèves, faites des recherches sur les sujets suivants et présentez un prezi ou un PowerPoint à la classe.

1. La région du Périgord

   Sa géographie/Son tourisme/Ses produits agricoles/Son histoire/ Ses spécialités gastronomiques/les quatre couleurs de cette région (vert/blanc/noir/pourpre).

2. François Mitterrand

   Sa naissance/Son éducation/Sa carrière politique/Sa famille/Le scandale avec sa fille Mazarine/Ses accomplissements positifs/Sa mort.

3. Madame du Barry (le sobriquet d'Hortense Laborie)

   Sa naissance/Ses origines/Son ascension à la cour royale/Sa liaison avec Louis XV/Ses rapports avec Marie Antoinette/Sa fin tragique.

4. L'Antarctique

   Sa géographie/Son paysage/Son tourisme/Ses expositions scientifiques/Ses habitants/Les animaux qui y vivent.

Rédactions à écrire comme devoir une fois que les projets sont présentés à la classe: Choisissez-en 2.

1. Pourquoi Hortense Laborie a-t-elle reçu le sobriquet de Madame du Barry par les autres chefs de cuisine? Qu'est-ce qu'elles avaient en commun, ces deux femmes? Est-ce que c'est un compliment ou une insulte?
2. Vous avez la possibilité de visiter la région du Périgord. Est-ce que vous avez envie d'y aller? Si oui, qu'est-ce que vous pensez voir? Si non, pourquoi pas?
3. Expliquez pourquoi le Président Mitterrand aimait tant la cuisine d'Hortense Laborie. Qu'est-ce qu'elle a fait que les autres chefs ne faisaient pas?
4. Vous avez gagné un voyage en Antarctique. Décrivez ce que vous espérez voir là-bas et comment vous allez profiter de ce voyage.
5. Quand ce film est sorti en France, il avait comme titre: *Les Saveurs du Palais*. Aux États-Unis, le film est sorti avec le titre *Haute Cuisine*. Pourquoi pensez-vous que le titre a été changé et quel titre préférez-vous?

Le Dernier Repas de François Mitterrand

Le Président François Mitterrand joue un rôle important dans ce film. Le 31 décembre 1995, une semaine avant sa mort d'un cancer de prostate, il a réuni 30 amis et membres de sa famille pour un dernier banquet dans sa maison de compagne en Landes.

Vous trouverez dans les «Ressources» une liste des sites ou des articles en français et en anglais qui décrivent le menu de ce dernier repas et la préparation culinaire des ortolans (de petits oiseaux protégés) qui ont été servis. Branchez-vous sur ces sites, lisez ces articles et puis répondez à ces questions :

Devoir écrit

1. Qu'est-ce que vous pensez de ce repas? Est-ce que le menu vous plaît?
2. Avez-vous envie de goûter des ortolans? Si oui, pourquoi? Sinon, pourquoi pas?
3. Pourquoi le choix d'ortolan est-il difficile à accepter?
4. Avez-vous déjà mangé un plat bizarre ou exotique? Si oui, décrivez-le!
5. Votre dernier repas. Imaginez que vous pouviez décider ce que vous mangeriez pour votre dernier repas. Qu'est-ce que vous choisiriez et pourquoi?

Haute Cuisine
Comparez les deux résidences présidentielles

Pour mieux vous aider, branchez-vous sur ces deux sites:

[www.whitehouse.gov] et [www.élysée.fr]

		L'Élysée	La Maison Blanche
1.	Date de Construction		
2.	Architecte		
3.	Style d'architecture		
4.	Adresse		
5.	Numéro de téléphone		
6.	Nombre de salles		
7.	Nombre de chambres		
8.	Nom du chef		
9.	Les Habitants en 2015		
10.	Les Habitants en 2000		

Questions thématiques

1. Comment le Président Mitterrand est-il dépeint dans ce film? Quels rapports a-t-il avec Hortense Laborie? Est-ce qu'il se montre comme homme de contradictions? Soyez précis!
2. Comment le chef de cuisine et ses assistants manifestent-ils leur jalousie professionnelle vis-à-vis d'Hortense Laborie? Est-ce que cette jalousie dégonfle son esprit ou nourrit son côté créatif? Donnez des exemples.
3. Pourquoi pensez-vous que le métier de chef est dominé par les hommes aussi bien qu'en France qu'aux Etats-Unis? Y a-t-il d'autres métiers que vous connaissez qui reflètent cette même tendance? Si oui, lesquels?
4. Quels traits de caractère croyez-vous sont nécessaires pour réussir comme chef de cuisine? Faites-en une liste.
5. Quand on fait face à des obstacles qu'on croit intolérables dans son travail, est-ce qu'il vaut mieux quitter son poste, comme l'a fait Hortense Laborie, ou persévérer avec l'espoir que ça ira mieux? Expliquez vos réponses.

Activités en classe

Vocabulaire de spécialités et d'expressions culinaires

Utilisez votre iPad, ordinateur ou téléphone portable et trouvez la traduction. Puis, répondez aux questions:.

A. des timbales

B. à la diable

C. un cassoulet

D. un vacherin

E. à la vapeur

F. des babas

G. un génoise

H. une bourride

I. un méli-mélo

J. au gratin

K. un vol-au-vent

L. un croquembouche

M. des quenelles

N. en cocotte

O. une galantine

P. une tartare

Q. un pot-pourri

R. des coquilles Saint-Jacques

S. un mille-feuille

T. l'amuse-bouche

U. un tournedos

V. une madeleine

W. un velouté

X. l'aïoli

Questions orales

1. Qu'est-ce que vous pourriez acheter à la pâtisserie? à la poissonnerie? à la boucherie?
2. Qu'est-ce que vous choisiriez comme dessert à votre repas de noces?
3. Qu'est-ce que vous prendriez comme entrée pour un grand dîner?
4. Si vous étiez végétalien, qu'est-ce que vous ne mangeriez jamais?
5. Quelles spécialités avez-vous envie d'essayer?

Projet d'équipe

Un Dîner Presque Parfait

Un Dîner Presque Parfait est une émission de la télévision française culinaire qui a commencé en février 2008. Elle est diffusée du lundi au vendredi à 17h35. Cinq candidats qui habitent dans la même ville s'invitent mutuellement à dîner et tentent d'élaborer un repas le plus savoureux possible dans une ambiance conviviale. Les quatre invités donnent des notes (de 1 à 10) à l'hôte de la soirée sur la cuisine (qualité, originalité, cuisson, harmonie des plats), l'ambiance du dîner et la décoration de la table.

Le vendredi, à la fin du dernier dîner de la semaine, des enveloppes qui contiennent les notes de chacun sont remises aux cinq candidats. Celui qui obtient les meilleures notes est désigné "l'hôte de la semaine" et remporte la somme de 1,000 euros. L'émission est diffusée en Belgique et en Suisse, avec des candidats qui vivent dans ces deux pays, et aussi au Québec où on a changé le nom à *Un Souper Presque Parfait* où le gagnant reçoit 2,000$ dollars canadiens.

Projet

Chaque équipe doit regarder des clips de cette émission sur YouTube (il y en a beaucoup) et choisir une entrée, un plat principal et un dessert. Les membres de l'équipe doivent faire un commentaire sur ce que le candidat a préparé, comment la table a été décorée et l'ambiance du repas. Puis, les membres de l'équipe doivent donner une note (de 1 à 10) à l'entrée, au plat principal et au dessert qu'ils avaient choisis et justifier cette note.

La Grotte de Lascaux

Devoir Individuel

La Grotte de Lascaux est l'une des grottes paléolithiques les plus importantes du monde. Surnommée Versailles de la Préhistoire, elle est située dans le Périgord à une quarantaine de kilomètres au sud-est de Périgueux. Branchez-vous sur le site [www.lascaux.culture.fr] et faites une visite virtuelle de cette grotte. Après la visite, trouvez des réponses aux questions suivantes:

1. Quand la grotte de Lascaux a-t-elle été découverte?
2. Qui a fait cette découverte et dans quelles circonstances?
3. Dans quelle région de la France la grotte se trouve-t-elle?
4. Pourquoi le ministre André Malraux a-t-il interdit l'accès de Lascaux au grand public?
5. Maintenant, qu'est-ce que le public peut voir?
6. Où Lascaux 2 est-il situé?
7. Comment la première salle de la grotte s'appelle-t-elle? Pourquoi?
8. Quels animaux se trouvent sur les murs de la Nef?
9. Quels animaux peut-on voir au Puits?
10. À part des animaux, y a-t-il d'autres peintures sur les murs?
11. Selon plusieurs archéologues, quel âge a cette grotte?
12. Lascaux 3 est une exposition itinérante. Iriez-vous la voir? Oui ou non? Pourquoi?
13. Avez-vous déjà exploré une grotte? Quand et où? Quelles en étaient vos impressions?

Les Truffes du Périgord

Devoir Écrit

Dans le film *Haute Cuisine*, Hortense Laborie se sert souvent des truffes noires de sa région du Périgord quand elle prépare des spécialités pour le Président Mitterrand. Appelées souvent les Diamants du Périgord, les truffes noires sont une délicatesse connue pour son arôme et son goût qui ressemble au chocolat. Faites une recherche sur les truffes noires et répondez aux questions suivantes:

1. Dans quelle partie de la région du Périgord les truffes se trouvent-elles?
2. Où les truffes sont-elles découvertes?
3. Quels animaux aident à trouver les truffes?
4. Dans quels mois les marchés de truffes sont-ils les plus fréquentés?

5. Combien faut-il payer pour un kilo de truffes noires au marché en hiver?
6. Où est-ce qu'on peut trouver des truffes blanches?
7. Où est-ce qu'on peut acheter des truffes noires aux États-Unis?

Expressions idiomatiques avec les aliments

Faites correspondre ces expressions avec leur traduction.

1.	Pédaler dans la choucroute_____	A.	to make a big deal of
2.	Faire du blé_____	B.	to be overly critical
3.	Maigre comme un haricot_____	C.	to have lots of money
4.	S'occuper de ses oignons_____	D.	to stuff one self
5.	Mettre du beurre dans les épinards_____	E.	to be swindled
6.	Sucrer les fraises_____	F.	to play both ends against the middle
7.	Tomber dans les pommes_____	G.	to step on the gas
8.	Bon comme du pain_____	H.	to put icing on the cake
9.	Faire des salades_____	I.	to be out of it
10.	En faire tout un fromage_____	J.	to smile
11.	Avoir un cœur d'artichaut_____	K.	as good as gold
12.	Avoir la pêche_____	L.	it's the last straw
13.	Cracher dans la soupe_____	M.	to be broke
14.	Ménager la chèvre et le chou_____	N.	to make money
15.	N'avoir plus un radis_____	O.	to be sentimental
16.	Se faire rouler dans la farine_____	P.	to be senile
17.	La crème de la crème_____	Q.	it's too late to change
18.	Les carottes sont cuites_____	R.	skinny as a rail
19.	C'est la fin des haricots_____	S.	to worry
20.	Tourner au vinaigre_____	T.	to faint
21.	Avoir de l'oseille_____	U.	to mind your own business
22.	Faire tourner le sang en boudin_____	V.	to be the best
23.	Avoir la banane_____	W.	to tell lies
24.	S'empiffrer de choux à la crème_____	X.	to be dynamic
25.	Appuyer sur le champignon_____	Z.	to take a turn for the worse

Rédactions thématiques

Écrivez des réponses à ces deux questions

1. Hortense Laborie a quitté son poste au Palais de l'Élysée après deux ans parce qu'elle ne pouvait plus faire la cuisine traditionnelle et authentique dont elle avait l'habitude à cause de

la maladie du Président. Malheureusement, le Président devait suivre, selon les conseils de ses médecins, un régime sévère sans aucune matière grasse. Racontez une décision, bonne ou mauvaise, que vous avez prise qui a changé votre vie. Donnez des détails!

2. Il y a des gens qui vivent pour manger et d'autres qui mangent pour vivre. Quel rôle la nourriture joue-t-elle dans votre vie? Soyez spécifique!

Crédit supplémentaire

Musique

Branchez-vous sur YouTube et écoutez la chanson de Nino Ferrer, Les Cornichons. Faites un commentaire sur les images, la musique et les paroles.

Cuisine

Préparez un plat principal ou un dessert avec des truffes. Si vous ne pouvez pas servir ce que vous avez préparé en classe (à cause des règles de l'école ou des allergies des élèves), préparez quelque chose chez vous pour votre famille ou pour vos amis; prenez des photos pour montrer à tout le monde et expliquez ce que vous avez préparé.

Littérature

Faites des recherches sur l'écrivain Marcel Proust (*À la recherche du temps perdu. Du côté de chez Swann* – 1913) et racontez ce qu'il a ressenti quand il a goûté une madeleine après tant d'années. Quels souvenirs cette petite pâtisserie évoquait-elle chez Proust? Puis, racontez votre propre madeleine et les souvenirs que vous avez eus en goûtant quelque chose de très spécial.

Jeu d'équipe

En groupe de trois ou de quatre élèves, allez au supermarché et préparez une liste de produits français qui y sont vendus. Ces produits doivent être faits en France. Sur votre liste, mettez le nom du produit, la ville où il a été fait (si c'est sur l'étiquette). Le groupe qui trouve le plus grand nombre de produits français recevra du crédit supplémentaire.

Réflexion personnelle

J'aime bien faire la cuisine et j'adore manger dans les restaurants français! Ceci dit, un film intitulé *Haute Cuisine* a tout de suite piqué mon intérêt, surtout puisqu'il est inspiré de la vie d'un chef renommé du Périgord qui pendant deux ans a préparé les repas personnels du Président François Mitterrand, un homme que j'admire à cause des projets, comme la Pyramide du Louvre et le Chunnel sous la Manche, qu'il a inaugurés. En plus, tout ce qui touche à «la bouffe» marche à merveille chez les élèves et il y a tant d'activités culinaires et culturelles qu'on peut développer.

Ressources

Entretiens sur le Web avec Danièle Mazet-Delpeuch

Fine, Michael. «Interview: Danièle Mazet-Delpeuch's Life in Haute Cuisine», *Huffington Post,* September 20, 2013 [www.huffingtonpost.com/marshall-fine/interview-with –danièle-mazet-delpeuch].

Lovato, Kimberly. «From the Hearth in Périgord», September 21, 2013 [www.velamag.com/from-the-hearth-in-périgord].

Rapold, Nicolas. «The President's Chef vs the Food Snobs: About Mitterand's Private Cook», *New York Times*, September 19, 2013 [www.nytimes.com/. . .haute-cuisine-about-mitterand's-private-cook-html].

Snalie, Olivia. «A Woman from the Country in Mitterrand's Kitchen», October 16, 2012 [www.rendez-vous.blogs.nytimes.com/2012/10/16/a-woman-from-the-country-in-mitterand's-kitchen].

Sung, Esther. «Danièle Delpeuch and Haute Cuisine», *Epicurious*, September 21, 2013 [www.epicurious.com/. . ./danièle-delpeuch-haute-cuisine-movie.html].

Livre de Recettes

Mazet-Delpeuch, Danièle. *Carnets de Cuisine de Périgord à l'Elysée.* Paris: Bayard, 2012.

François Mitterrand

Le dernier repas de François Mitterand/Les Ortolans

[http://archives-lepost.huffingtonpost.fr/article/2011/09/08/2585385 repas présidentiels en voie de disparition]

[http://yourlastmeal.blogspot.com/2005/10/francois-mitterrands-last-meal-was-for.html]

[http://oldirtyrestaurant.blogspot.com/2010/03/last-meal-of-francois-mitterrand.html]

Alderman, Liz. «A Tiny Songbird, a Big Cause Célèbre», *New York Times*, October 15, 2014, page D1: [www.nytimes.com].

Barbier, Christophe. *Les Derniers Jours de François Mitterrand.* Paris: Grasset, 1997.

Mount, Harry. «The Songbirds Slaughtered for a Frenchman's Supper». *Daily Mail*, September 7, 2010 [www.dailymail.co.uk].

[www.fr.wikipedia.org/wiki/Francois_Mitterand]

La Grotte de Lascaux

[www.lascaux-dordogne.com] ou [www.lascaux.culture.fr]

Les Truffes

[www.truffe-périgord.com] ou [www.fr.wikipedia.org/wiki/truffe-noire]

La Région du Périgord

[www.fr.wikipedia.org/wiki/périgord]

17
Alceste à bicyclette

Michèle Bissière
University of North Carolina-Charlotte

Le titre: Alceste à bicyclette
Le metteur en scène: Philippe Le Guay
Les acteurs: Fabrice Luchini (Serge Tanneur), Lambert Wilson (Gauthier Valence), Maya Sansa (Francesca), Laurie Bordesoules (Zoé), Camille Japy (Christine)
Le genre du film: comédie dramatique
Les dates de la sortie du film: 2013
Les prix: Le film a reçu trois nominations aux Césars en 2014: Meilleur scénario original pour Philippe Le Guay, Meilleur acteur pour Fabrice Luchini et Meilleure musique originale pour le compositeur chilien Jorge Arriagada.

Vocabulaire

Vocabulaire du théâtre

acteur (n.m.), actrice (n.f.)	actor, actress
alexandrin (n.m.)	alexandrine (a line of twelve syllables)
assister à (une pièce, une répétition, etc.)	to attend (a play, a rehearsal, etc.)
dramaturge (n.m.)	playwright
entrer dans un personnage	to get into a character
entrer en scène	to go on stage
jeu (n.m.)	acting style
jouer	to act
metteur en scène (n.m.)	stage director
(re)monter sur les planches	to go (back) on the stage
monter une pièce	to put on a play
personnage (n.m.)	character
pièce (n. f.)	play
public (n.m.)	audience, spectators
réciter	to recite
répéter	to rehearse
répétition (n.f.)	rehearsal
réplique (n.f.)	line
représentation (n.f.)	performance
rôle (n.m.)	part
scène (n.f.)	scene, stage
vers (n.m.)	line of poetry

Vocabulaire général

boiter	to limp
condescendant(e)	condescending
cultivé(e)	cultured
se disputer	to argue
effrayant(e)	scary
effroyable	frightful
énervé(e)	irritated
s'énerver	to get mad
se faire opérer	to have surgery
faire une dépression	to go through a depression
grincheux(-euse)	grumpy
grossier(-ère)	coarse
haine (n.f.)	hate

Alceste à bicyclette

huître (n.f.)	oyster	raffiné	refined
île (n.f.)	island	se retirer	to retire, to withdraw, to retreat
indicible	unspeakable		
manipulateur(-trice)	manipulative	rivalité (n.f.)	rivalry
mépris (n. m.)	scorn	rupture (n.f.)	break-up, split
méprisant(e)	scornful	série télévisée (n.f.)	TV series
se mettre en colère	to get mad	tirer à pile ou face	to toss a coin
misanthrope (n. m)	people hater	trahir	to betray
modeste	humble	se tromper	to make a mistake
moulin (n.m.)	mill	se tromper de mot	to say the wrong word
orgueilleux (-euse)	proud	vasectomie (n.f.)	vasectomy
portable (n.m.)	cell phone	vengeance (n.f.)	revenge
procès (n.m.)	trial	se venger	to take revenge

FICHE PÉDAGOGIQUE

Avant le visionnement

(Enseignants)

1. Donner des informations sur le réalisateur et l'origine du film.

   Le réalisateur, Philippe Le Guay, a étudié la littérature française avant de faire des études de cinéma à l'Institut des hautes études cinématographiques (IDHEC). Après avoir réalisé des téléfilms, des films sociaux sur le monde du travail et quelques comédies, il s'est fait connaître du grand public avec la sortie de *Les Femmes du 6e* (2011). C'est lors d'une réunion à l'île de Ré avec l'acteur principal de ce film, Fabrice Luchini, que les deux hommes ont conçu l'idée de réaliser *Alceste à bicyclette*. Fabrice Luchini, grand amateur de littérature, avoua à Le Guay qu'il travaillait les vers du *Misanthrope* depuis une trentaine d'années. Ils décidèrent donc d'écrire un scénario basé sur la pièce, et Le Guay réalisa le film avec Luchini dans le rôle principal.

2. Expliquer le rapport entre le film et *Le Misanthrope*.

   Synopsis: Gauthier Valence, acteur à succès, connu pour son interprétation du Docteur Morange dans un téléfilm du même nom, souhaite mettre en scène *Le Misanthrope* de Molière (1666) et y jouer Alceste, le rôle principal. Il se rend à l'île de Ré pour convaincre Serge, un ancien collègue, de remonter sur les planches pour jouer Philinte. Serge était un acteur renommé, mais il a quitté le milieu du spectacle sur un coup de tête trois ans plus tôt, pendant le tournage d'un film. Depuis, il mène une vie de reclus dans une vieille maison de l'île et refuse de voir qui que ce soit. Attiré par la proposition de Gauthier, Serge demande cinq jours de réflexion pendant lesquels lui et Gauthier répètent la pièce tout en vivant quelques aventures impliquant des personnages secondaires.

   Le film est basé sur leurs répétitions de la scène 1 de l'Acte I du *Misanthrope*. On assiste aussi à une brève lecture de quelques vers de la scène 3 de l'acte IV, et Serge prononce une réplique de la scène 1 de l'acte V à la fin du film.

3. Travailler la scène I de l'Acte I du *Misanthrope* (1666)

   Les étudiants pourront lire les sous-titres du film pour se familiariser avec la scène, mais une lecture préalable est conseillée. L'approche variera en fonction du niveau des apprenants. Elle peut être globale (niveau avancé) ou focalisée sur les passages inclus dans le film. La section «Questions sur le film dans l'ordre chronologique» ci-dessous inclut des références précises aux vers prononcés par les personnages dans chaque partie du film, avec des questions de compréhension pour faciliter la lecture.

Avant le visionnement (Apprenants)

1. Travail à partir de la bande-annonce [www.youtube.com/watch?v=rlJgzcEzYT4]

   Regardez la bande-annonce, puis discutez des points suivants: Quel est le décor du film? Quelles actions se passent à l'intérieur? À l'extérieur? Quelle est la personnalité des deux acteurs principaux? Comment s'entendent-ils? Imaginez ce qui va se passer dans l'histoire.

2. Recherche sur Molière

   Cherchez des informations sur Molière et sur *Le Misanthrope*. Cherchez aussi le sujet de deux autres pièces de Molière citées dans le film, *Tartuffe* et *L'École des maris*. À partir de ces recherches, discutez brièvement des thèmes importants dans les comédies de Molière.

3. Recherche sur l'île de Ré

   Où est-elle située? Quel est son climat? Depuis quand est-elle reliée au continent? Quelles sont ses activités économiques? Quelles personnalités y ont une résidence secondaire?

4. Travail de vocabulaire

   Expliquez ce qu'est un misanthrope et faites une liste des mots de la liste de vocabulaire qui peuvent décrire une telle personne.

Après le visionnement

1. Questions sur le film dans l'ordre chronologique

   Les questions sont organisées en suivant les huit chapitres du film sur le DVD distribué par Strand Releasing. On trouve aussi des références précises aux vers du *Misanthrope* prononcés par les personnages dans chaque partie du film et des questions de compréhension pour faciliter la lecture préalable des extraits de la pièce (si tel est le choix de l'enseignant). Ces questions ont pour but de préparer les étudiants à analyser le film et à exprimer leurs opinions dans les sections suivantes, à l'approche plus synthétique.

   Les enseignants qui préfèrent une approche globale du film pourront aller directement à la section «Questions de discussion sur le film» et y ajouter des questions de la présente section.

Chapitre 1

L'acteur Gauthier Valence quitte Paris pour se rendre sur l'île de Ré. Il discute avec son chauffeur de taxi et arrive chez Serge. Gauthier propose à Serge de jouer dans une pièce qu'il veut monter, puis il dit qu'il est venu sur l'île pour y acheter une maison. Serge téléphone alors à un agent immobilier.

1. Comment sait-on que Gauthier est populaire? Pourquoi va-t-il à l'île de Ré?
2. Depuis quand Serge vit-il sur l'île de Ré? Décrivez sa maison. Quelle est la fonction de la scène où il discute de la fosse septique avec les ouvriers?
3. Comment Serge réagit-il quand Gauthier lui propose de remonter sur les planches?
4. Quels personnages secondaires rencontre-t-on dans cette partie? Quel est leur rôle?

Chapitre 2 [12:33]

Pendant une visite de maison, Gauthier propose à Serge de jouer Philinte dans *Le Misanthrope*. Serge refuse d'abord, puis il se met à réciter les premiers vers de la pièce et demande quelques jours de réflexion. Début des répétitions. Première sortie au restaurant de la plage.

Alceste à bicyclette

[15:33-16:26] *Le Misanthrope* I, 1, 1-15. Vrai ou Faux?

a. Alceste ne veut plus être l'ami de Philinte.

b. Philinte pense qu'Alceste est corrompu.

[19:20-20:50] *Le Misanthrope* I, 1, 1-22. Quelle phrase résume le mieux les vers 13-22?

a. Alceste reproche à Philinte d'être hypocrite en amitié.

b. Alceste est jaloux de Philinte parce qu'il se fait des amis facilement.

[22:32-23:15] *Le Misanthrope* I, 1, 47-64. Vrai ou Faux?

Alceste est fâché parce que Philinte est ami avec tout le monde.

1. Comment Serge réagit-il quand Gauthier lui propose de jouer le rôle de Philinte?
2. Pourquoi est-ce que Serge récite des vers de la pièce? Que propose-t-il à Gauthier?
3. Comment décident-ils qui va jouer le rôle d'Alceste?

Chapitre 3 [25:16]

Le soir, Gauthier répète à l'hôtel, interrompu par la patronne. Le lendemain, les deux reprennent la répétition, mais le conflit surgit. Serge découvre des parallèles entre lui et Alceste. Pendant la pause, il explique à Gauthier pourquoi il s'est retiré sur l'île de Ré. Ils se disputent sur la manière de réciter le texte de Molière. Visite de la maison de l'Italienne avec l'agent immobilier.

[27:00-30:00] *Le Misanthrope* I, 1, 159-172.

1. Associez-vous les caractéristiques suivantes à Alceste ou à Philinte?
   a. le courroux (une grande colère)
   b. le flegme (le calme)
   c. la bile (la mauvaise humeur, la méchanceté)
   d. accepter les choses et les gens comme ils sont
2. Pourquoi Alceste est-il en colère? Éliminez la mauvaise réponse.
   a. Un ami l'a trahi.
   b. On lui a pris ses possessions.
   c. On l'a battu.
   d. On a fait circuler des rumeurs sur lui.

[31:00-32:00] *Le Misanthrope* I, 1, 173-198. Vrai ou Faux?

a. Philinte pense que les défauts font partie de la nature, et il mentionne des animaux pour illustrer son argument.

b. Alceste se prépare pour son procès. Il pense que sa cause est juste et que la raison va gagner.

c. Alceste a décidé de ne pas consulter d'avocat.

d. Philinte est d'accord avec cette stratégie.

[33:55-34:16] *Le Misanthrope* I, 1, 147-156. Vrai ou faux?

a. Philinte est contre la sagesse poussée à l'extrême.

b. Il pense que les valeurs anciennes (comme la vertu) sont bien adaptées à l'époque contemporaine.

c. Il pense qu'il faut s'adapter à son époque au lieu de suivre des valeurs absolues.

1. Comment Serge réagit-il quand le téléphone sonne pendant la répétition?
2. Quel parallèle Serge remarque-t-il entre Alceste et lui-même concernant un procès?
3. Qu'est-ce qu'il avoue à Gauthier pendant leur pause-cigarette?
4. Pourquoi se disputent-ils à propos du mot «obstination»? Quelles sont leurs opinions sur la manière de jouer du théâtre classique?
5. Quel est le rapport entre cette discussion et le contenu des vers qu'ils récitent?
6. Comment l'Italienne se comporte-t-elle quand Serge et Gauthier visitent sa maison? Que pense-t-elle des acteurs en général?

Chapitre 4 [40:03]

Visite d'un moulin à vendre, puis Serge et Gauthier répètent en faisant du vélo et échangent quelques confidences sur leur vie personnelle. Le lendemain, Gauthier quitte son hôtel pour s'installer dans la maison d'une amie pendant que Serge se rend à l'hôpital de La Rochelle.

[42:40-43:00] *Le Misanthrope* I, 1, 89-94. Que pense Alceste de ses contemporains?

1. Qu'est-ce que Serge apprend sur le salaire de Gauthier quand ils visitent le moulin?
2. Qui dit le rôle d'Alceste dans cette partie?
3. Qu'est-ce que Serge et Gauthier se disent sur leurs vies personnelles?
4. Pourquoi Serge va-t-il à l'hôpital et pourquoi change-t-il d'avis à propos de son opération?
5. Quels aspects de la personnalité de Francesca sont révélés? Qu'est-ce qu'elle pense de la vie?

Chapitre 5 [52:47]

Retour de Serge de La Rochelle. Gauthier obtient de jouer le personnage d'Alceste pour la première fois en tirant à pile ou face. Serge critique sa manière de jouer le personnage. La tension monte entre les deux, mais l'arrivée de Zoé interrompt leur dispute. Elle assiste à une de leurs scènes et se trouve obligée de lire la scène 3 de l'Acte IV (1389-1405 et 1409-1410). Cette scène est un dialogue entre Alceste et Célimène, la femme qu'il aime. Alceste la soupçonne de ne pas être loyale, et Célimène lui répond qu'elle est fatiguée de ses accusations et de sa jalousie.

[57:47-1:00:00] *Le Misanthrope* I, 1, 88-100, puis 102-114. Vrai ou faux?

a. Alceste trouve tous les gens injustes, flatteurs, traitres et intéressés.

b. Philinte compare la misanthropie d'Alceste à une maladie.

c. Les gens ont de la compassion pour la misanthropie d'Alceste.

1. Lorsque Gauthier joue le rôle d'Alceste pour la première fois, comment entre-t-il dans le personnage? Que pense Serge de cette façon de jouer?
2. Comment réagit Serge quand Gauthier se trompe d'adjectif (quand il dit «une indicible haine» au lieu d' «une effroyable haine»)?

3. Qu'est-ce que Zoé pense de la représentation de Gauthier et Serge?

4. Pourquoi la visite de Zoé est-elle si désarmante pour les deux hommes?

5. Peut-on voir des parallèles entre Célimène et un des personnages du film?

Chapitre 6 [1:05:41]

Gauthier téléphone à Christine. Épisode du jacuzzi. Au supermarché, Serge apprend qu'un épisode du *Docteur Morange* va passer à la télé. Il propose de regarder l'épisode avec Gauthier et Francesca. La soirée se passe mal. Le lendemain, Gauthier revoit le chauffeur de taxi au marché avant de répéter avec Serge. Leur répétition (*Le Misanthrope* I, 1, 89-118, voir plus haut) se termine mal elle aussi. Serge aide Francesca à mettre ses livres dans des cartons.

1. Qu'est-ce qui se passe quand Serge, Gauthier et Francesca regardent *Le Docteur Morange*?

2. Qu'est-ce qui arrive au marché le lendemain matin?

3. Qui joue Alceste ce jour-là? Comment joue-t-il et pourquoi, à votre avis?

4. Qu'est-ce que Serge avoue à Francesca après sa dispute avec Gauthier?

Chapitre 7 [1:20:38]

Serge et Gauthier se réconcilient et Serge accepte de jouer dans *Le Misanthrope*. Ils font du vélo avec Francesca et passent la soirée ensemble. Le lendemain, Serge apprend que Francesca a quitté l'île de Ré plus tôt que prévu et que Gauthier est responsable. Gauthier a invité ses associés à venir célébrer la participation de Serge à la pièce. Serge arrive habillé en Alceste.

1. Quel rôle joue Francesca dans la relation de Serge et Gauthier?

2. Comment s'est passée la soirée entre les trois amis?

3. Qu'est-ce que Gauthier a avoué à Serge le lendemain? Quel est l'effet de cette révélation sur leur relation?

4. Qu'est-ce que Serge a révélé pendant la réception?

5. Paraphrasez les vers de l'Acte V, scène 1 du *Misanthrope*, que Serge récite avant de quitter la réception [1:37:30-1:38:05]:

   Trop de perversité règne dans le siècle où nous sommes
   Et je veux me tirer du commerce des hommes. (1483-84)...
   Allons, c'est trop souffrir les chagrins qu'on nous forge:
   Tirons-nous de ce bois et de ce coupe-gorge.
   Puisque entre humains ainsi vous vivez en vrais loups,
   Traîtres, vous ne m'aurez de ma vie avec vous. (1519-22)

Chapitre 8 [1:38:08]

Gauthier joue le rôle d'Alceste dans un théâtre parisien. Serge récite les mêmes vers de la pièce sur une plage de l'île de Ré.

1. Qu'est-ce qui s'est passé lors de la représentation du *Misanthrope* au théâtre à la fin du film? ([1:38:45-1:40:20] *Le Misanthrope* I, 1, 1-116, avec des ellipses)

2. Quelle est votre réaction à la dernière scène (Serge souriant sur la plage, en train de réciter la réplique que Gauthier n'est pas arrivé à dire)?

Citations

Ces citations, qui sont dans l'ordre chronologique, peuvent servir à résumer le film et/ou à en discuter certains aspects (actions, contexte, personnages). On peut aussi les utiliser pour répondre aux questions de discussion.

Décidez qui a dit les phrases suivantes, puis expliquez le contexte et la signification de chaque citation. Au choix:

L'agent immobilier   Le chauffeur de taxi   Francesca   Gauthier   Serge

1. «Le théâtre, le cinéma, tout ça, c'est fini! Ce monde de rats, ces gens vulgaires qui mentent, qui trahissent».
2. «Je m'en fous, moi, des syllabes. Je suis pas à l'école. Je suis pas en train de faire une matinée classique...Moi, je joue pour le public d'aujourd'hui».
3. «L'île de Ré est classée numéro deux comme lieu de vacances préféré des Français. C'est un sondage du *Point*».
4. «Je connais quelqu'un qui a subi une vasectomie. Il n'a pas pu marcher pendant six mois».
5. «'Vous voulez un grand mal à la nature humaine!
Oui, j'ai conçu pour elle une indicible haine'.
...J'ai dit un mot à la place d'un autre. On va pas en faire tout un fromage»!
6. «Ça aurait été une belle mort. Après la Porsche de James Dean, le jacuzzi de Gauthier Valence»!
7. «Votre fille, on va la sauver, Madame Ramirez».
8. «Vous n'êtes pas du tout Alceste. Alceste, c'est un pur, c'est un sincère. Vous, vous jouez avec les gens».
9. «C'est un fou furieux, votre Gauthier. Regardez ce qu'il m'a fait. Je lui demande un service pour ma mère, il me colle son poing dans la figure».
10. «Ah, non, non, non! On va rien alterner du tout. Je joue Alceste ou je ne joue pas»!

Questions de discussion

Ces questions supposent que les étudiants ont répondu aux questions de compréhension et de discussion de la section «Questions sur le film dans l'ordre chronologique». Si ce n'est pas le cas, il est conseillé de sélectionner des questions de cette section et de les ajouter ici.

1. Comment interprétez-vous le titre du film?
2. Quelles sont les caractéristiques de Serge et de Gauthier? Correspondent-ils exactement à Alceste et Philinte? Que signifie le fait que les deux personnages jouent le rôle d'Alceste?
3. Pourquoi est-ce que Gauthier n'arrive pas à dire «J'ai conçu pour elle [la nature humaine] une effroyable haine»? Est-ce important?
4. Pourquoi est-ce que Serge a finalement décidé de ne pas jouer les deux rôles dans la pièce? Quand a-t-il pris cette décision, d'après vous? Pourquoi est-il venu en costume à la réception?
5. Dans une des scènes du film, Gauthier dit qu'Alceste est un personnage qui souffre, et Serge lui répond qu'il y a aussi une dimension comique chez Alceste. Est-ce que ces remarques peuvent s'appliquer à Serge aussi? Qu'est-ce qui est comique et tragique chez lui?
6. Quels éléments de farce trouve-t-on dans le film? Pourquoi sont-ils là?
7. Quelle est la fonction du décor (intérieur et extérieur) et des personnages secondaires?

8. Quels aspects de la société contemporaine sont satirisés dans le film?

9. Quel est le rapport entre l'art (le théâtre) et la vie dans le film? Comment les vies de Serge et Gauthier influencent-elles leur jeu, et comment le théâtre transforme-t-il leurs vies?

Questions de discussion plus générales

1. Êtes-vous plutôt comme Alceste ou comme Philinte? Quelles sont vos idées sur l'amitié? Quelle est votre réaction quand quelqu'un ne se conduit pas toujours d'une manière irréprochable?

2. Qu'est-ce que le film nous dit sur la meilleure manière de jouer un rôle? Quand est-ce que Gauthier est un bon acteur et un acteur médiocre dans le film?

3. D'après le film, pourquoi joue-t-on encore *Le Misanthrope* aujourd'hui? Est-ce que c'est seulement parce que la pièce fait partie du répertoire classique français?

4. Est-ce que le film vous donne envie de lire Molière?

5. Quelle est votre opinion sur la meilleure façon de représenter des pièces anciennes aujourd'hui? Est-ce qu'il faut les moderniser ou respecter l'original? Pensez aux pièces de Shakespeare, par exemple.

6. Avant de faire ce film, Le Guay a réalisé une comédie, *Les Femmes du 6e étage*. Le public a beaucoup apprécié ce film, mais les critiques l'ont trouvé trop «populaire». Peut-on voir des parallèles entre le personnage de Gauthier et le réalisateur Philippe Le Guay (qui s'identifie à Gauthier dans un entretien)?

Activités de prolongement: Projets oraux ou écrits

1. Analyse des affiches du film (voir «Ressources»)

   Comparez l'affiche française et l'affiche américaine. Quelles sont les différences, et comment les expliquez-vous? Quelle affiche vous donne le plus envie de voir le film?

2. Représentation du *Misanthrope*

   Jouez l'acte I, scène 1 ou un extrait de cette scène. Inspirez-vous du jeu de Serge et Gauthier ou d'une vraie représentation de la pièce (voir «Ressources»).

3. L'île de Ré

   Faites une recherche sur un aspect de l'île de Ré, par exemple, ses marais salants ou les huîtres Gillardeaux (Francesca apporte un beau plateau d'huîtres Gillardeaux lors de la soirée télé chez Serge).

4. Votre logement de rêve sur l'île de Ré

   Imaginez que vous avez les moyens d'acheter une résidence secondaire sur l'île de Ré. Consultez le site d'une agence immobilière, par exemple [www.ile-de-re-annonces-immobilieres.com/offres-maisons-ile-de-re] et utilisez l'onglet «Recherche avancée» pour trouver le logement de vos rêves. Faites-en une description (écrite ou orale).

5. Pour les amateurs de chansons

   Faites une recherche sur la chanson «À bicyclette», d'Yves Montand (1968) et expliquez pourquoi Philippe Le Guay l'a choisie pour son film.

6. Pour les cinéphiles

   Regardez le film *Jules et Jim,* de François Truffaut (1962) et expliquez comment le réalisateur Le Guay rend hommage à ce film dans *Alceste à Bicyclette.*

Réflexion personnelle

J'aime beaucoup l'interprétation du film. Ce film permet aussi de montrer la modernité de l'œuvre de Molière, qui paraît peut-être surannée à nos étudiants. Toute époque a son conformisme et ses travers, et chacun(e) doit décider comment composer avec les faiblesses de la nature humaine. Le fait que le film se concentre sur la répétition de la première scène du *Misanthrope* peut faciliter l'introduction de cette pièce difficile dans des cours de français.

Ressources

Le Misanthrope

1. La pièce [www.toutmoliere.net/acte-1,405469.html]
2. Une représentation de la pièce [www.youtube.com/watch?v=ImlUzaTaM7Q]
3. Animation sur la vie de Molière [www.bordas-interactif.fr/videos/animation/vie-moliere.swf]. Voir aussi «Dossiers pédagogiques» pour documentation sur Molière.

Alceste à bicyclette

1. Le DVD Région 1 utilisé pour le découpage en chapitres: Strand Releasing, ASIN: B00JJXYVZE (sur amazon.com)
2. Internet Movie Database: Information sur le film en anglais [www.imdb.com/title/tt2207050/?ref_=nv_sr_3]
3. AlloCiné:[www.allocine.fr/film/fichefilm_gen_cfilm=204773.html]

   (Critiques de presse, photos, bandes annonces, récompenses, secrets de tournage, etc.)
4. La bande annonce du film sous-titrée en anglais [www.youtube.com/watch?v=rlJgzcEzYT4]
5. Les affiches française et américaine

   [fr.web.img4.acsta.net/medias/nmedia/18/93/83/71/20357209.jpg]

   [www.imdb.com/media/rm2066860800/tt2207050?ref_=tt_ov_i]
6. Dossiers pédagogiques:
   a. Ce dossier du distributeur français contient des entretiens avec le réalisateur et les deux interprètes principaux: [www.pathefilms.com/sites/default/files/files/ALCESTE_DPEDA%5B2%5D.pdf-1.pdf]
   b. Ce dossier très complet réalisé en Italie contient des informations sur les films de Philippe Le Guay, la vie de Molière, le contexte de l'écriture du *Misanthrope*, un résumé de la pièce et des photogrammes du film à remettre dans l'ordre:

      [www.progettolingue.net/wp-content/uploads/Dossier-pedagogique-Alceste-a-Bicyclette.pdf]

c. Ce dossier du portail romand de l'éducation aux médias contient (entre autres) une liste de films sur Molière et une liste de films basés sur le théâtre:

[www.google.com/url?sa=t&rct=j&q=&esrc=s&source=web&cd=10&ved=0CG0QFjAJ&url=http%3A%2F%2Fwww.e-media.ch%2Fdocuments%2FshowFile.asp%3FID%3D4631&ei=dHjyVNGdL-i0sATkgoL4BQ&usg=AFQjCNE3S8uOdiLk8k8CV6GiLNyNenQ1Xg&sig2=J7-CB8F8eCchUmYpGaAM1Q&bvm=bv.87269000,d.cWc]

LES AUTEURS

FAWZIA AHMAD enseigne au niveau universitaire (Regis University) et au lycée (Littleton High School) dans l'agglomération de Denver, Colorado. Elle continue ses recherches sur les cultures francophones ainsi que le rôle important des discussions académiques sur le sujet des femmes musulmanes. Fawzia est présidente de la région Colorado/Wyoming de l'AATF. Elle a obtenu son doctorat en études de langues et de littératures françaises à Boston University où elle s'est spécialisée en littérature maghrébine. Elle est aussi consultante de sa langue natale, l'urdu.

STACEY BETH-MACKOWIAK AYOTTE est professeure associée de français à l'University of Montevallo (Alabama). Titulaire d'une maîtrise et d'un doctorat en français de Michigan State University, elle enseigne depuis 2005 à Montevallo des cours de tous niveaux et concentre ses recherches sur la pédagogie et l'acquisition du français langue seconde. Élue Présidente du chapitre AATF de l'Alabama de 2011 à 2013, Stacey a été nommée «Professeur de l'année 2011» de la Faculté des Arts et des Sciences (University of Montevallo).

JODY BALLAH est professeur de français agrégée à l'Université de Cincinnati Blue Ash où à présent elle enseigne des cours de langue, de culture, de littérature et de cinéma. Elle a enseigné au niveau universitaire au Canada, en France, au Mexique et aux États-Unis. Dans le domaine des recherches, elle s'intéresse à l'apprentissage expérientiel de la langue, au cinéma français, à la littérature du Canada français et à la diaspora francophone.

JOYCE BECKWITH (M.A.T. en français de Harvard University) a pris sa retraite en 2013 après avoir enseigné et dirigé le département de langues étrangères à Wilmington High School (MA) depuis 1986. Co-présidente de la Commission de l'AATF pour le Cinéma, ancienne présidente de Massachusetts Foreign Language Association (MaFLA), déléguée régionale de l'AATF pour la Nouvelle-Angleterre [1997 à 2003, 2008 à 2014], rédactrice adjointe de la rubrique «Pédagogie» de la *French Review*, elle a été nommée Officier dans l'Ordre des Palmes académiques (ASFAP) en 2011 et élue secrétaire (ASFAP) en 2012.

MICHÈLE BISSIÈRE (Ph.D., Université du Wisconsin-Madison) est professeure associée à l'université de Caroline du nord à Charlotte. Elle a publié des articles sur les femmes écrivains du dix-huitième siècle et sur le cinéma français et francophone contemporain, ainsi qu'un manuel de français intitulé *Séquences: Intermediate French through Film* (Cengage). Michèle est rédactrice des recensions de la rubrique «Films» de la *French Review* et vice-présidente du chapitre AATF de la Caroline du nord. Elle est Chevalier dans l'Ordre des Palmes académiques et a reçu le *Dorothy Ludwig Excellence in Teaching Award* en 2015.

MARCELLINE BLOCK est diplômée en histoire et littérature française et anglaise (Harvard University) et en lettres françaises (Princeton University). Parmi ses publications, ses livres sur le cinéma français et francophone comportent *French Cinema and the Great War: Remembrance and Representation* (Rowman & Littlefield, février 2016); *French Cinema in Close-up: La vie d'un acteur pour moi* (Phaeton, 2015); *The Directory of World Cinema: Belgium* (Intellect, 2014); *Filmer Marseille* (Presses universitaires de Provence, 2013); *World Film Locations: Marseilles* (Intellect, 2013) et *World Film Locations: Paris* (Intellect, 2011; traduit en coréen par Nangman Books à Séoul, 2014).

TAMARA BENTLEY CAUDILL est doctorante à Tulane University à la Nouvelle Orléans où elle travaille sous la direction de Dr. Beth Poe. Tamara est médiéviste et comédienne, et de ce fait, sa recherche se concentre sur l'oralité, la narration et la performance dans les courts récits médiévaux. Autant que possible, elle se sert du théâtre et du cinéma dans ses propres cours pour mieux articuler la langue, la culture et l'histoire. En particulier, elle s'intéresse aux films contemporains qui abordent ou dépeignent un passé fictif.

MARIE-MAGDELEINE CHIROL est professeure à Whittier College (CA). Ses recherches portent sur le motif de la ruine et sur le cinéma africain. Parmi ses publications figurent *L'imaginaire de la ruine dans «À la recherche du temps perdu» de Marcel Proust* (Summa, 2001) et *Gaston Kaboré: Conteur et visionnaire du cinéma africain* (PU Lyon, 2011). Nommée Chevalier dans l'Ordre des Palmes académiques (2012) puis Hazel Cooper Jordan Endowed Chair in Arts and Humanities (2013-2016), elle a été déléguée régionale de l'AATF pour le Sud-Ouest (2012-2014).

NATHALIE DEGROULT (Ph.D. en français de l'Université d'Albany) est professeure associée de français à Siena College (NY) où elle enseigne des cours de langue, de civilisation, de littérature et de cinéma. Nathalie se spécialise dans l'étude du cinéma français contemporain. Elle publie régulièrement des articles cinématographiques ainsi que des dossiers pédagogiques parus notamment dans le *National Bulletin* de l'AATF. Nathalie fut rédactrice de la rubrique *Creative Works* de la *French Review* de 2010 à 2014. Elle est depuis rédactrice-gérante de la *French Review.*

MICHAEL C. FOSTER a obtenu sa première maîtrise (M.A.) en français à l'University of Notre Dame, sa deuxième maîtrise (M.A.) et son doctorat (Ph.D.) en français à l'University of Illinois Urbana-Champaign. Il est professeur adjoint de français à William Jewell College depuis 2012. Il enseigne le français de tout niveau et offre un cours sur le cinéma multiculturel en anglais. Il concentre ses recherches sur l'acquisition du français langue seconde (SLA).

DOLLIANN MARGARET HURTIG, professeur à Louisiana Tech University, est diplômée de Sophie Newcomb College (B.A.), de l'University of Louisiana at Lafayette (M.A.), de Tulane University (Ph.D.) et ancienne élève de Middlebury College (Programme d'été). Co-présidente de la Commission sur le Cinéma (AATF), ancienne présidente de la *Louisiana Foreign Language Teachers Association* (LFLTA), Dolliann a publié dans des publications telles que *Romanic Review, Esprit Créateur, Stendhal Club* et le *National Bulletin* de l'AATF. Elle est Chevalier dans l'Ordre des Palmes académiques (2015).

ADELA LECHINTAN-SIEFER est lectrice de français à Ohio State University. Elle est diplômée de l'université Babes-Bolyai de Cluj-Napoca, Roumanie (B.A.) et de Ohio State University (M.A., Ph.D.). Adela a commencé sa carrière d'enseignante de français en 2004 et elle est membre de l'AATF depuis 2010. Elle adore enseigner la langue, la littérature, la culture et le cinéma de langue française. Elle a des publications dans *French Review* et dans *Modern and Contemporary French* et elle a participé à des conférences aux USA et à l'étranger.

E. NICOLE MEYER, diplômée de l'Université de Pennsylvanie (M.A., Ph.D.), est auteure de nombreuses publications au sujet de Flaubert, de l'autobiographie féminine française et francophone, de la littérature du vingtième et dix-neuvième siècles et de la pédagogie (surtout le français commercial). Ses comptes rendus et articles apparaissent dans les revues telles que *Nineteenth-Century French Studies, Nottingham French Review, World Literature Today, Contemporary French Civilization* et la *French Review.* Professor of French and Women's and Gender Studies à Augusta University, son projet actuel est un livre qui a pour titre, *Fractured Families in Contemporary French* and *Francophone Women's Autobiographies.*

JESSICA SERTLING MILLER, originaire de Strasbourg (France), est *Associate Professor of French* à l'Université du Wisconsin-Eau Claire. Titulaire d'une licence et d'une maîtrise en anglais (Université de Strasbourg), ainsi que d'une maîtrise et d'un doctorat en français (Saint Louis University, University of Illinois), elle enseigne à UW-Eau Claire depuis 2006 des cours de tous niveaux, avec une prédilection pour l'enseignement aux débutants et l'enseignement de la langue orale. Elle concentre ses recherches sur l'acquisition du français comme langue seconde et la pédagogie.

SUSAN MYERS, professeur de français et directrice du Département de langues à William Jewell College (MO), est diplômée de l'Université d'Indiana (Ph.D.). Elle a présenté à la conférence du *Foreign Language Association of Missouri* (FLAM) sur des sujets pédagogiques et administratifs. Ses publications ont paru dans les livres *Sébastien Japrisot: The Art of Crime* et *French Prose in 2000* et dans une édition spéciale du journal *813.* Grâce à une bourse, elle a dirigé la rénovation du laboratoire de langues. Membre à vie de Phi Sigma Iota, elle participe au comité des bourses en 2016.

MARCO D. ROMAN est professeur et directeur du Département de langues étrangères à Mount St. Mary's University (MD) où il enseigne des cours de langues et de littératures depuis 2002. De 1992-2002, il a enseigné à l'University of Central Oklahoma. Marco a fait son doctorat en français à Florida State University. Utilisant une approche comparative, ses publications considèrent les notions d'échange, de rituel et de silence dans un contexte postcolonial et transculturel.

DOMINIQUE THÉVENIN est dipômée de l'Université de l'Illinois à Urbana-Champaign (Ph.D.). Elle a pris sa retraite en mai 2014 après avoir enseigné à l'University of Wisconsin-Eau Claire pendant vingt-sept ans. Elle met à profit ses heures libres pour «cultiver son jardin», ce qui inclut la pratique d'activités intellectuelles comme l'écriture, la lecture et la recherche mais aussi celle d'activités moins académiques telles que la cuisine, le jardinage, la peinture et les voyages. Elle continue à s'intéresser de très près au cinéma français.